세계 문화가
한눈에 보이는
별별
전통 집

세계 문화가
한눈에 보이는

별별
전통 집

이인옥 글 | 강영지 그림

보리

새로운 문화를 만나는
특별한 여행에 여러분을 초대합니다!

인류가 처음 생긴 뒤, 사람들은 세계 곳곳에서 집을 지어 살아왔어요. 저마다 주변에서 가장 쉽게 구할 수 있는 재료를 가지고, 풍습과 생활 방식에 맞게 살기 좋은 보금자리를 만들어 나갔지요. 그렇게 오랜 세월을 거치며 집들은 그곳의 자연과 기후에 어울리는 모습으로 차츰 발전했고, 지역마다 자연과 문화가 어우러진 전통 집이 생겨났어요.

오늘날에도 사람들은 자기 생활에 가장 알맞도록 집을 지어요. 집 모양이 네모난지 동그란지, 집이 큰지 작은지는 중요하지 않아요. '내가 사는 곳의 자연과 문화에 잘 맞는가?' 이것이야말로 집을 지을 때 가장 중요한 조건이 되지요.

그러다 보니 세계 곳곳의 전통 집에는 사는 사람의 성격과 생활 방식뿐 아니라, 한 민족의 풍습과 인류의 문화사까지 고스란히 담겨 있어요. 결국 세계의 전통 집을 살펴보고 이해하는 일은 그 지역의 문화와 역사를 아울러 알아가는 길이지요. 그래서 옛날 지혜로운 사람들 가운데에는 바다 건너 다른 나라를 둘러보고 온 사람들이 많았어요.

내가 사는 곳과 다른, 새로운 문화를 만나면서 견문을 넓혔던 거예요.

1982년 유네스코는 '문화 정책에 관한 멕시코 선언'에서 문화를 이렇게 말했어요.

"문화는 문학이나 예술뿐 아니라 인간의 기본권과 생활 방식, 전통과 신앙을 포함한다. 문화는 인간이 스스로를 돌아보게 하고 비판적인 판단력과 도덕성을 지닌 존재가 되도록 이끈다."

조금 어렵게 느껴지지요? 쉽게 말하면 문화는 나를 돌아보게 하는 좋은 비교 잣대가 된다는 뜻이에요. 그러니까 문화는 내가 가지고 있지 않은 무언가를 배울 수 있는 새로운 지혜의 창고라는 말이지요.

자, 이제 우리와는 다른 모습으로 살아가는 세계의 전통 집을 만나러 떠나 봐요. 그리고 이 특별한 여행을 마친 뒤에, 세상을 바라보는 나의 눈이 어떻게 바뀌었는지 스스로 생각해 봐요. 아마 여러분의 마음과 생각이 지금보다 더 크고 넓어져 있지 않을까요?

이인옥

차례

신비한 갈대 섬
우로스

- 📍 남아메리카 페루 티티카카 호수
- ☀️ 고산 기후
- ℃ 연평균 12℃
- 📖 에스파냐어, 아이마라어, 케추아어

누가 살고 있을까?

안토니는 티티카카 호수에 사는 우루족 소년이야.

우루족은 호수에 떠 있는 우로스라는 갈대 섬에서 살지.

평화로워 보이는 티티카카 호수는 습도가 높고,

밤에는 기온이 뚝 떨어져서 무척 추워.

게다가 한라산보다 두 배나 높은 곳에 있어서 산소가 부족하지.

그래서 숨 쉬기가 힘들고 머리가 아프기도 해.

이곳에 사는 사람들은 '코카'라는 잎을 껌처럼 씹거나

차로 끓여 마셔. 갈증을 없애 주고, 피곤을 덜어 주거든.

산소가 부족한 고산 지대에서는 코카잎 없이 지내기 힘들지.

요즘에는 우루족 사람들도 호수를 떠나, 육지로 나가서 살기도 해.

우로스를 보러 오는 관광객들이 많아지면서

육지로 떠날 돈을 마련할 수 있었기 때문이야.

호수에 사는 사람들

티티카카 호수 서쪽, 푸노항 둘레에는 갈대가 숲을 이루었어. 토토라라는 갈대가 서로 모여 무성하게 자라고 있지. 이곳은 바람 부는 날에도 물결이 잔잔한 편이야.

갈대숲 사이로 한 소년이 작은 배를 타고 나타났어. 아직 배를 모는 게 서툰지, 살짝살짝 중심을 잃고 기우뚱거렸어. 그래도 소년은 활짝 웃으며 열심히 노 젓는 연습을 했어. 처음으로 자기 배를 갖게 되어 날아갈 듯 신이 났거든. 식구들이 힘을 모아 만들어 준 배라서 더욱 기뻤어.

"제법 잘 모는구나! 이제 혼자서도 학교에 갈 수 있겠네."

아버지가 흐뭇한 표정으로 안토니를 바라보았어.

"오른쪽으로 좀 더 저어 봐! 그렇지!"

온종일 갈대를 엮어 배를 만든 친척들도 안토니를 응원했어.

"안토니한테 토토라를 베어 오라는 심부름도 시킬 수 있겠다!"

사촌 형이 짓궂게 소리쳤어. 그래도 안토니는 이제 아버지 대신 그물을 걷으러 갈 수도 있고, 혼자 학교에 갈 수 있게 되어 마냥 기쁘기만 했지.

그런데 안토니와 식구들이 사는 마을이 조금 이상해 보여. 땅 위에 초가집을 지은 줄 알았는데 섬 바닥이 흙이 아니야. 마치 갈 대 뭉치가 물 위에 둥둥 떠 있는 것 같아.

맞아. 안토니와 식구들은 토토라를 물 위에 띄워 섬을 만들고, 거기에 집을 짓고 살아. 이렇게 갈대로 만든 인공 섬을 우로스라 고 해. 티티카카 호수에서 대대로 살아온 우루족 사람들은 우로스 를 만들어 모여 살아. 호수 위에 갈대 섬 여러 개가 둥둥 떠 있지.

티티카카 호수에는 집을 지은 섬 말고도 유치원 섬과 초등학교 섬이 있고, 우체국 섬도 있어.

삶의 터전을 찾아서 〈 역사 +문화

우루족 사람들이 처음부터 티티카카 호수에서 살았던 건 아니 야. 그렇다면 안토니의 조상들은 어떤 까닭으로 호수에서 살게 되었을까?

아주 먼 옛날 우루족은 티티카카 호수 남쪽, 코파카바나라는 곳 에 모여 살았어. 그러던 1,100년 무렵 우루족 마을로 다른 부족과 싸우기를 좋아하는 코야스족이 쳐들어왔어. 코야스족은 아주 사나워서 우루족 마을에 불을 지르고 사람들을 마구 해코지했어. 끝내 우루족은 코야스족을 피해서 살던 곳을 버리고 도망쳐야 했어. 북쪽으로 도망치던 우루족은 티티카카 호수에 이르게 되었지.

"저 넓은 호수에 섬이 있다면 더는 달아나지 않아도 될 텐데."

"그러게, 물고기가 많아서 살기 좋을 것 같아."

"어휴, 저 토토라가 나무라면 베어서 집을 지을 수 있을 텐데."

"그래! 토토라 뿌리는 물에 뜨니까 여러 개를 뭉치면 호수 위에 섬처럼 뜰 거야. 그럼 그 위에 집을 지을 수 있을지도 몰라!"

우루족은 호수에 섬을 만들어 보기로 했어. 토토라 뿌리는 공기를 머금고 있어서 여러 개를 뭉쳐 놓으면 그 위에 무거운 것을 올려도 물에 뜨거든.

우루족은 토토라 뿌리를 모아서 1미터 두께로 단단히 뭉쳤어. 이렇게 만든 뿌리 뭉치를 서로 이어서 넓게 펼치고 그 위에 바짝 말린 토토라 줄기를 깔았어. 토토라 줄기를 물이 새지 않을 만큼 두툼하게 깔자, 마을을 세울 수 있는 멋진 섬이 생겼지.

"드디어 모두가 살 수 있는 섬이 생겼어! 그런데 비가 오거나 바람이 불면 섬이 호수 한가운데로 떠내려갈 것 같아."

"기다란 장대를 섬 가운데에 꽂아 호수 바닥에 고정해 볼까?"

우루족 사람들은 물결이 잔잔한 곳을 찾고, 기다란 장대로 섬을 고정했어.

"적들이 쳐들어오는지 알려면 망루도 있어야 해!"

우루족 사람들은 서로 머리를 맞대고 터전을 만들어 나갔어. 그렇게 티티카카 호수 위에 멋진 갈대 섬을 완성했어.

마침내 우루족은 호수 위에 새 보금자리를 꾸렸지만, 삶의 터전을 물으로 옮기려는 시도를 여러 차례 했어. 그러나 번번이 실패로 끝났지. 코야스족을 피하고 나니, 이번에는 잉카라는 제국이 나타났거든.

잉카 제국은 깊고 가파른 협곡들을 다리로 이어 도로를 건설했어. 그리고 둘레 부족들을 정복하며 힘을 키워 나갔지. 힘없는 부족들은 잉카 제국에 정복되거나 다른 곳으로 떠날 수밖에 없었어. 이러니 우루족은 물으로 나갈 엄두도 못 냈어.

그 뒤, 더 무서운 스페인 군대가 남아메리카 대륙으로 쳐들어왔어. 결국 우루족은 평생 호수 위 갈대 섬에서 살다가 삶을 마치고 나서야 호숫가 땅에 묻힐 수 있었지.

이사하는 날

안토니와 식구들은 1년 전부터 새로운 우로스를 만들고 있어. 새로 만드는 섬은 에르사 고모네와 힘을 합쳐서, 지금 사는 섬보다 두 배나 더 크게 만들고 있지.

우로스를 만드는 데 보통 1년이 넘게 걸려. 그런데 갈대 섬의 수명은 생각보다 짧아서 6년에서 10년밖에 되지 않아. 우로스를 만든 지 6년쯤 되면 토토라 뿌리를 묶은 끈들이 썩기 시작하거든. 그래서 새 섬을 만들어 이사 갈 준비를 해야 해. 요즘에는 섬에서 더 오래 지낼 수 있도록 토토라 뿌리를 나일론 끈으로 묶어. 안토니네도 이번에는 나일론 끈을 썼기 때문에 앞으로 10년 넘게 지낼 수 있을 거야.

섬에서 지내는 동안에도 바싹 말린 토토라를 계속 바닥에 깔면서 잘 관리해야 해. 그러지 않으면 바닥이 썩어서 물이 차올라.

드디어 이사하는 날이 되었어. 온 식구들이 새로 만든 우로스를 단장하느라 저마다 정신없이 바빴어. 아버지와 고모부는 미처 완성하지 못한 손님용 집을 마저 지었어. 나무로 기둥을 세우고, 토토라를 엮어 벽을 만들고 지붕도 덮었어. 손님이 편하게 지내도록 방 두 칸짜리로 지었지. 이렇게 갈대로 만든 집을 우타라고 해. 방 안에는 말린 토토라를 묶어서 침대를 만들고 침대보를 씌웠어. 방바닥에 손으로 짠 폭신한 카펫도 깔았지.

　누나는 토토라 뿌리를 썩혀 만든 흙으로 마당에다 꽃밭과 텃밭을 멋지게 꾸렸어. 텃밭에는 감자를 심을 거야. 어머니는 축축한 호수 진흙을 잔뜩 깔고, 그 위에 넓적한 돌을 올려서 야외 화덕을 만들었어. 우로스는 바싹 마른 갈대 섬이라서 불을 쓸 때 언제나

조심해야 하거든.

"안토니! 화덕 아래 깔 진흙을 좀 더 가져다 주겠니?"

어머니 부탁에 안토니는 호수로 나가 진흙을 가져 왔어. 어머니는 화덕 아래에 진흙을 두툼하게 깔고 야외 화덕을 완성했지. 누나는 화덕 옆에 기둥을 세우고 끈을 묶어 주전자와 솥을 걸어 두었어.

아버지는 섬 끝자락에 그물로 된 인공 연못을 만들었어. 호수에서 송어를 잡아다 이곳에 가두어 기를 거야.

우로스를 찾아온 손님

다음 날, 안토니는 식구들이 만들어 준 배를 타고 학교에 갔어.

"안토니, 혼자서 배를 타고 왔구나. 이따가 집에 가기 전에 선생님 좀 만나고 갈래?"

배에서 내리는 안토니에게 선생님이 말했어.

"네, 선생님!"

안토니는 힘차게 대답했지. 온종일 무슨 일인지 궁금해서 수업에 집중하기 힘들었어. 수업이 끝나자마자 안토니는 한달음에 선생님께 달려갔어.

"혹시 너희 집에 관광객이 머물 수 있니?"

"그럼요, 새로 만든 섬에 손님이 지낼 집도 지었는걸요."

"그러면 집에 갈 때 선생님 친구도 태워 가렴. 미국에서 온 브라이언이야."

"우아! 정말요?"

선생님 말에 안토니는 신이 났어. 관광객을 집으로 데려가면 식구들이 기뻐할 것 같았거든. 그런데 덜컥 겁이 났어.

'아직 혼자서 배를 모는 것도 서툰데……. 다른 사람을 태울 수 있을까?'

안토니 걱정을 알 리 없는 브라이언은 반갑게 인사하며 배에 성큼 올라탔어. 그 바람에 배가 크게 흔들리자 안토니는 더욱 놀랐지. 안토니는 가까스로 중심을 잡고 노를 저었어. 그러다 얼마 못 가 솔직하게 털어놓았어.

"사실은 제가 아직 배를 모는 게 서툴러서 집까지 무사히 갈 수 있을지 모르겠어요. 혹시 수영할 줄 아세요?"

그러자 브라이언은 크게 웃음을 터트렸어.

"나는 예전에 카누 선수였어! 수영이라면 자신 있단다."

안토니 마음이 금세 밝아졌어.

"티티카카 호수는 구름이 땅에 내려앉은 것처럼 멋지지요? 제 생각에 호수랑 구름이랑 우로스가 참 잘 어울리는 것 같아요. 어른들이 그러는데요, 몇 년 전만 해도 섬들이 지금처럼 많지 않았대요. 그런데 언제부터인가 서로 의견이 맞지 않으면 우로스를 반으로 나눴대요."

기분이 좋아진 안토니는 브라이언에게 이런저런 이야기를 했어.

"섬을 나눈다고? 사는 섬을 나눈다는 말이니?"

"네, 우로스는 갈대로 만든 섬이라서 칼로 자르면 나눌 수 있어요. 사실 우리 집도 고모네랑 같이 살다가 몇 년간 따로 살았어요. 그러다 이번에 새로 섬을 만들면서 다시 같이 살게 됐어요."

"그래? 섬을 잘라 나눈다니 정말 신기하구나."

"고모는 우리가 사는 섬을 관광객에게 보여 주고 기념품도 팔자고 했어요. 그런데 아버지는 사람이 많이 오가는 게 싫다며 대신 잠잘 곳만 내어 주자고 했어요."

안토니가 힘차게 노를 저으며 말을 이었어.

"고모는 티티카카 호수는 밤에 너무 추워서 우로스에서 자려는 관광객이 몇 안 될 거라고 했어요. 그런데 지금은 고모가 아버

지 의견을 따르기로 했어요."

안토니는 브라이언과 즐겁게 이야기를 나누었어. 긴장이 풀려서 그런지 무사히 집에 도착했지.

식구들은 브라이언을 반갑게 맞았어. 부모님은 혼자서 배를 몰아 손님까지 데려온 안토니를 대견하다고 칭찬했어.

안토니는 브라이언에게 망루를 구경시켜 준 뒤, 연못에서 기르는 송어를 함께 잡았어.

"하하! 잡아 놓은 물고기를 다시 잡는 것도 재미있구나."

오늘 저녁은 브라이언이 잡은 송어와 아버지가 사냥한 오리고기, 우로스에서 기른 감자로 만들었어. 식탁에 둘러앉은 사람들 얼굴에 웃음꽃이 가득했어.

우로스에 놀러 올래?

우타는 토토라로
만든 갈대 집이야.

야외 화덕은 푸토라고 불러.
불이 나지 않도록
바닥에 젖은 흙을 깔지.

인공 연못은 바닥에
구멍을 뚫고
그물을 쳐서 만들어.

적이 쳐들어오는지
살피려고 망루를 세웠어.

퓨마를 신성하게
생각해서 갈대배
앞머리를 퓨마 얼굴로
많이 꾸며.

바닥에 깐 토토라를
계속 바꿔야 하기 때문에
늘 베어서 말려 놔.

토토라 뿌리를 1미터 두께로
단단히 뭉쳐서 물에 띄우고,
그 위에 토토라를 가로세로
격자로 두껍게 깔아서 섬을
만들어. 섬이 떠내려가지 않도록
호수 바닥에 잘 고정시켜 둬.

세계 문화 배경지식 쑥쑥!

하늘 호수 티티카카

티티카카 호수는 남아메리카 페루와
볼리비아 사이에 있는 큰 호수야.
우리나라 수도인 서울의 13배나
될 만큼 무척이나 넓어.
하늘에서 내려다보면 호수 모양이
마치 토끼를 잡으러 뛰어가는
퓨마처럼 생겼어. 그래서 호수 이름이
티티카카야. '회색 퓨마'라는 뜻이지.
티티카카 호수는 해발 4,000m나 되는
높은 고원에 있어. 그래서 '하늘 호수'라고
부르기도 해.

페루
볼리비아
티티카카호
갈대섬

티티카카 호수의 고유 생물

티티카카 호수에는 티티카카 왕개구리, 티티카카 논병아리 같은
고유 생물들이 살고 있어. 그런데 안타깝게도 지구온난화 때문에
호수의 물이 점점 줄어들고 있대.

물 위에서 사는 또 다른 집

네덜란드 암스테르담에는 배를 집처럼 만들어서
강에서 사는 사람들이 있어. 이렇게 배로
살 수 있게 만든 집을 선상 가옥이라고 해.
선상 가옥은 운하를 따라 이동할 수도 있고,
강의 멋진 풍경을 볼 수 있어서 인기가 많다고 해.

강이나 호수뿐 아니라 바다 위에서 사는 사람들도 있어.
말레이시아 근처 얕은 바다에는 바자우족이 뽄도한이라는
수상 가옥을 짓고 마을을 이루고 살아.
파도와 소금기 때문에 나무 기둥이 빨리 삭아서 수시로 바꿔 줘야 하지.
빗물을 모아서 식수로 쓰고, 물고기와 해산물을 잡아서 먹고살아.

유목민들의 천막집

게르

- 📍 동북아시아 몽골 초원
- ☀️ 대륙성 기후
- ℃ 연평균 −2.9℃
- 📖 몽골어
- ☆ 라마불교, 이슬람교

누가 살고 있을까?

도르지는 몽골의 드넓은 초원에 사는 소년이야.

몽골은 일 년 내내 평균 기온이 낮고 겨울은 몹시 추워.

게다가 고도까지 높아서 농사를 짓기 힘들어.

그래서 이곳 사람들은 가축을 기르며 풀이 있는 곳을

찾아다니는 유목 생활을 했지. 유목민들은 한곳에 머물러

살지 않기 때문에 집도 옮겨 짓기 편한 모양이어야 해.

그래서 몽골 유목민의 집인 게르는 마치 텐트처럼 생겼어.

게르는 초원의 춥고 매서운 바람에 견딜 수 있는 모양으로 발전했어.

또 집을 허물고 다시 세우는 방법도 간편해서,

보통 크기의 게르는 허무는 데 30분,

다시 세우는 데 1시간밖에 안 걸려.

초원을 달리는 아이들

"이랴!"

말을 탄 소녀가 검은빛 눈을 반짝이며 넓디넓은 초원을 바람처럼 내달렸어. 차가운 바람이 몰아쳤지만, 말과 소녀는 아랑곳하지 않았지. 하얀 입김을 내뿜으며 잘도 달렸어. 도르지 누나인 솔롱고는 마치 말과 한 몸이라도 된 듯 호흡이 잘 맞았어.

솔롱고를 지켜보던 도르지가 문득 입을 열었어.

"아버지, 저도 누나처럼 말을 잘 타고 싶어요. 어휴! 제 말은 바보 같아요."

"도르지! 말을 아끼고 이해해야지. 말과 서로 마음 맞는 친구가 되는 게 먼저라고 늘 말했지?"

"그건 저도 알아요. 하지만 이 바보가 나뭇가지 아래로 들어가는 바람에 제가 이렇게 다친 거라고요!"

도르지는 다친 발을 쩔뚝이며 자기 말을 흘겨보았어. 발목뿐 아니라 어깨와 가슴도 결리고 무릎도 까져서 아팠어.

도르지는 답답했어. 말은 제 등에 자기를 태우는 것이 싫은지 좀처럼 말을 듣지 않았거든. 고삐를 얼마만큼 당겨야 하는지, 장애물이 있을 때 어떻게 호흡을 맞춰 넘어야 하는지 헷갈리기만 했어.

그때 솔롱고가 도르지를 나무라듯 말했어.

"말과 하나가 되려면 말의 마음을 먼저 이해해야 해. 달릴 준비가 되었는지 살펴봐야지. 너는 무작정 달리려고만 하니까 호흡이 안 맞는 거야!"

"치, 누나는 뭐 처음부터 잘 탔어? 나보다 크니까 그렇지!"

도르지가 발끈해서 소리쳤어.

"칭기즈 칸이 세계를 정복하던 시절에는 다섯 살 어린아이도 말을 타고 초원을 누볐다더라."

"쳇! 두고 봐! 나도 할 수 있어."

도르지는 얼굴이 빨개져 말고삐를 단단히 잡고 말에 오르려고 했어. 하지만 이번에도 말은 슬금슬금 뒤로 물러섰지.

"말이 너를 싫어하는 거 아니야?"

"아냐! 내가 화를 내서 잠시 삐친 거야."

도르지는 말의 눈을 들여다보며 작은 목소리로 속삭였어.

"야, 너무하는 거 아니야? 내가 화를 내긴 했지만 너도 잘못했잖아."

도르지가 달랜 보람이 있는지, 말이 슬그머니 제 등을 내줬어.

"드디어 말을 달랬구나?"

솔롱고가 빙그레 웃으며 말했어. 하지만 도르지는 들은 체 만체하고 고삐를 틀어쥐었어.

"이럇!"

도르지가 발을 구르며 외쳤어. 말은 이제야 도르지 마음을 알았는지 초원을 힘차게 달리기 시작했어.

겨울이 찾아오기 전에

어느덧 초원의 날씨가 부쩍 추워졌어. 차가운 바람이 천막집을 흔들며 지나갔지.

"바람 소리가 매섭구나. 그나저나 도르지, 넌 이제 말 타는 데 좀 익숙해졌니?"

아버지가 집으로 돌아온 도르지에게 따뜻한 수테차*를 건네며 물었어.

"네, 좀 나아졌어요. 누나만큼은 아니지만……."

* 수테차: 가축의 젖과 찻잎, 물을 넣고 끓인 몽골 전통차.

도르지는 말끝을 흐렸어. 무언가 말하려다 말고 아롤*을 입에 넣고 우물거렸어.

도르지네 집은 둥그런 천막집인 게르야. 단출한 살림이지만 있어야 할 것은 다 있어. 무엇보다 따뜻했지.

게르에는 전통적으로 식구마다 정해진 자리가 있어. 게르에 들어서서 오른쪽은 여성의 자리야. 안주인과 아이들 물건, 부엌살림을 이쪽에 둬. 남자는 게르 왼쪽을 사용해. 그래서 여기에 안장과 고삐, 마유주 통을 보관하지. 입구와 마주 보는 곳은 가장 신성한 자리야. 이곳에 불상이나 불화를 모시고, 가족사진처럼 식구들이 아끼는 물건들을 둬.

"이제 겨울 날 채비를 해야겠구나. 겨우내 먹을 말린 고기도 챙기고 땔감도 마련해 두려면 바쁘겠어."

"그런데 아버지, 고기는 벌써 손질해서 말리고 있잖아요?"

"양 두 마리분 고기를 먼저 손질해서 말리고 있지만, 겨울을 나려면 그것만으로는 어림없지. 금방 겨울이 닥칠 것 같아서 마음이 급하구나."

몽골 초원의 겨울은 온도가 영하 40도까지 내려갈 만큼 무척이나 매섭고 혹독해. 그래서 겨울을 나려면 식구 한 사람당 양 두 마

* 아롤: 치즈와 비슷한 몽골 전통 유제품.

리 분량의 말린 고기를 준비해야 마음을 놓을 수 있어. 감자나 당근같이 오래 저장할 수 있는 채소와 밀가루, 소금, 땔감도 준비해야 해. 게다가 가축이 먹을 풀도 미리 말려 둬야 하지.

그리고 또 한 가지 중요한 일이 있어. 도르지네는 매년 겨울이 되면 강가 평지를 떠나 산 중턱으로 집을 옮겨. 여름에는 넓은 초원에서 가축을 치다가, 겨울이 오면 바람도 피할 수 있고 햇빛도 잘 드는 산 중턱 양지바른 곳으로 옮기는 거야.

집에 바퀴를 달았다고?

몽골의 초원은 매우 건조해. 일 년 내내 기온이 낮고 겨울까지 길어서 농사를 지을 수 없지. 그래서 기원전 3세기, 이곳에 처음 나라를 세운 흉노를 비롯해, 이 땅에 살았던 선비, 유연, 돌궐 같은 여러 민족들은 유목 생활을 했어. 9세기에 이곳으로 이주해 온 몽골족 또한 마찬가지였지.

"추위와 비바람을 막아 주는 따뜻한 집이 필요해. 그리고 통째로 들고 다닐 수는 없을까?"

"나무로 뼈대를 세우고, 양털을 덮어 따뜻하게 해 보자!"

    초원 이곳저곳을 옮겨 다니는 유목 생활을 하려면 손쉽게 허물고, 또다시 금방 지을 수 있는 집이 필요했어. 그래서 몽골 사람들 집은 초원과 사막 지대에 맞게 여러 가지 모습으로 발전하다가 7세기에서 10세기쯤에 이르러 지금의 게르 모습을 갖추게 되었어.

    당시 몽골 사람들에게는 가축을 기르는 일이 유일한 생계 수단이었어. 그런데 초원의 겨울은 무척 혹독해서 심한 가뭄이 오거나 엄청난 추위가 닥치기도 했어. 그 바람에 기르던 가축들이 모두 죽어 버리는 일이 벌어지기도 했지. 살길이 막막해진 몽골 사람들은 살기 위해 서로 약탈이라도 해야 했어. 그래서 옛날에는 같은 몽골 사람끼리 싸우는 일이 자주 일어났어.

    한 부족의 우두머리였던 칭기즈 칸은 험난한 유목민들 삶이 몹시도 안타까웠어. 같은 몽골 사람끼리 서로 싸우다 죽는 모습을 그냥 두고 볼 수 없었지.

"부족들을 하나로 통일하고 바깥에서 돈과 식량을 구해야겠어!
그게 우리 몽골 사람들이 살길이야!"

칭기즈 칸은 몽골 부족을 하나로 통일하고, 서하와 금나라부터
정복하기 시작했어. 땅이 넓어지자, 지역 특산물을 거래해 돈을
많이 벌었어. 하지만 칭기즈 칸과 그의 후손들은 여기서 만족하
지 않았어. 실크로드를 따라 이동하며 여러 나라들을 정복해 나
갔지. 마침내 몽골은 아시아와 유럽, 두 대륙에 걸친 가장 큰 제국
이 되었어.

몽골은 어떻게 그토록 드넓은 땅을 차지할 수 있었을까? 바로 몽골 사람들이 모두 말을 잘 타서 빨리 이동할 수 있었기 때문이야. 몽골 병사들은 말을 탄 채 육포로 끼니를 해결하며 달릴 수 있었어.

또, 몽골 병사들이 지치지 않고 싸움에 나설 수 있었던 데에는 게르의 역할도 컸어. 집을 가지고 다닐 수 있어서 평소처럼 쉴 수 있었거든. 그래서 전쟁을 할 때 필요한 물건과 음식을 가져다주는 보급 부대가 따로 필요하지 않았고, 덕분에 더 빠르게 이동할 수 있었어. 나중에는 한발 더 나아갔지.

"서둘러야 할 때는 게르를 허물고 다시 세우는 시간도 아까워."

"그럼 게르를 수레 위에 짓고 끌고 다니면 어떨까?"

"좋은 생각이야! 커다란 수레 위에다 집을 짓자!"

몽골 병사들은 커다란 수레 위에 게르를 짓고 끌고 다니기로 했어. 이처럼 유목 생활하기에는 여러모로 게르만 한 집이 없었어. 칭기즈 칸과 그의 후손들이 승승장구하며 드넓은 땅을 차지한 게 우연이 아니었던 거야.

몽골은 청나라에서 독립해 근대 국가를 이룬 뒤에도 꽤 오랜 시간 유목 문화를 지켜 왔어. 그러다 최근 들어 도시를 개발하고 있지. 하지만 몽골 수도인 울란바토르에 정착한 사람들 가운데에도 여전히 게르에 사는 사람들이 있어. 또, 지금도 초원에서 유목 생활을 하는 사람들이 있지.

아마 칭기즈 칸이 즐겨 말했던 "성을 쌓는 자는 반드시 망할 것이며, 끊임없이 이동하는 자만이 살아남을 것이다."라는 톤유쿠크의 비문이 몽골 사람들 가슴속에 남아 있기 때문일 거야.

초원의 겨울

몽골의 초원에 눈이 내렸어. 길고 혹독한 겨울이 찾아온 거야. 푸른 초원은 어느새 누렇게 마르더니 하얀 눈이 쌓여 꽁꽁 얼었어. 도르지와 식구들은 서둘러 이사를 했어. 매년 겨울마다 찾아가는 산 중턱으로 집을 옮겼지. 아버지는 게르를 다시 세우고, 가축우리를 살펴보러 갔어.

"오늘 밤에 양들을 재우려면 당장 문부터 손봐야겠다. 시간이 없으니 도르지, 네가 가서 양들을 데리고 오너라."

"네? 제가요? 전 아직 말 타는 데 익숙하지 않고……."

"그래도 해 보렴. 언제까지 아빠와 누나만 할 수 없잖니."

"그렇지만…… 그럼 누나랑 같이 가면 안 돼요?"

"난 지금 엄마랑 집 정리하잖아. 왜? 또 겁쟁이 소리 들으려고?"

솔롱고가 웃으며 놀리자 도르지는 오기가 생겼어.

"나 겁쟁이 아니야. 나도 혼자 할 수 있어!"

도르지는 말을 타고 초원으로 달려 나갔어. 그런데 오늘따라 양
들이 여기저기 흩어져 있지 뭐야.

"부탁이야. 나 좀 도와줘."

도르지는 말에게 속삭였어. 그리고 숨을 크게 내쉬고는 양들을

집으로 몰기 시작했어. 다행히 도르지의 걱정과 다르게 양들이 순순히 집 쪽으로 움직이기 시작했어. 도르지는 마음이 조금씩 편안해졌지. 양 떼 왼쪽과 오른쪽으로 번갈아 달리며 양들을 몰다 보니 점점 신이 났어.

"이랴!"

도르지가 신나서 소리치자 말이 후다닥 속력을 냈어. 그러자 양 몇 마리가 깜짝 놀라 다른 곳으로 내달리기 시작했어. 도르지가 뒤쫓아가 다시 집 쪽으로 몰았지만, 양들은 겁을 먹었는지 말을 듣지 않았어. 도르지는 양들과 한참 씨름했어. 해까지 금방 떨어져서 주변도 어둑해졌지. 도르지는 그 자리에 주저앉아 울고 싶은 마음뿐이었어.

도르지가 말에서 내려 양 목덜미를 붙잡고 울먹거렸어.

"제발 집으로 가자, 응?"

도르지는 양들을 달래며 겨우겨우 집으로 향했어. 이미 초원은 어두컴컴했고 도르지는 등 뒤로 진땀을 흘렸어.

그때 멀리서 아버지 목소리가 들려왔어. 말을 탄 아버지 모습이 눈에 들어오자 도르지는 울음을 터뜨리고 말았어.

"그래그래, 힘들었지? 한 마리도 빼놓지 않고 잘 몰고 왔구나."

아버지 말에 도르지는 긴장이 풀렸어. 집에 도착하니 도르지를 기다리던 엄마와 누나도 도르지를 칭찬했어.

"이제 다 컸네. 역시 잘할 줄 알았다니까."

"우리 도르지, 최고다."

식구들이 입을 모아 칭찬하자 도르지는 언제 울었냐는 듯 기분이 좋아졌어.

'역시 나는 칭기즈 칸의 후예인가 봐. 말을 타고 양들을 모는 데 타고난 재주가 있는 것 같다니까!'

아버지와 어머니는 도르지 속마음을 눈치챘는지 도르지를 바라보며 빙긋이 웃었어.

게르에 놀러 올래?

서까래 역할을 하는 **오니**야.
지붕창과 벽을 연결해서
천장을 받쳐.

하나라고 부르는
그물 모양 벽을 둥글게 세워.
게르의 크기는 벽의 개수에
따라 결정돼.

문은 **할라**가라고 불러.
집을 보호하는 역할을
한다고 생각하지.

게르에 들어갈 때는 문지방을
밟지 않도록 조심해야 해.
또, 문설주나 벽에 몸을 기대면 안 돼.
게르가 기울거나 무너질 수 있거든.

천장 가운데에 **토노**라는 지붕창을 달아서 빛과 공기가 통하게 해.

게르 중앙에 **바간**이라고 부르는 기둥을 두 개 세워서 집이 기울거나 쓰러지지 않도록 해.

지붕창 바로 아래 **난로**를 설치하고, 바닥에는 담요나 양탄자를 깔아. 몽골 사람들은 난로를 아주 중요하게 생각해. 그래서 넘어 다니거나 물을 부으면 안 돼.

양털로 짠 **펠트 천**을 둘러서 덮고, 줄로 묶어 단단히 고정해. 보통 여름에는 한 겹, 겨울에는 두세 겹을 덮어.

세계 문화 배경지식  쏙쏙!

나담 축제

나담 축제는 해마다 7월 11일에 열리는 몽골 사람들의 전통 축제야.
축제가 되면 부흐라고 부르는 몽골 씨름, 말타기,
활쏘기 경기가 열리고 저마다 힘과 실력을 겨루지.
세 가지 경기는 거친 초원에서 살아야 했던 몽골 사람들의
유목 생활과 깊은 관련이 있어.
몽골의 전통과 문화를 잘 보여 주는 나담 축제는 2010년에
유네스코 인류무형문화유산으로 지정되었어.

몽골 오축

몽골 사람들이 예부터 길러 온 다섯 가지 가축인
'말, 양, 낙타, 염소, 소' 들을 한데 일러 몽골 오축이라고 해.
몽골 사람들의 삶에서 오축은 아주 중요했어. 오축을 길러
먹을거리와 가죽, 연료를 얻고 이동 수단으로도 썼기 때문이지.

여러 가지 천막집

유목민들의 집은 저마다 사는 환경에 맞춰 조금씩 다르게 발전했어.
그래도 대부분 게르처럼 텐트 모양을 하고 있어.

티피

대평원에 살던 북아메리카 선주민들의 집이야.
원뿔 모양으로 기둥을 세우고, 그 위에
들소 가죽이나 캔버스 천을 덮어서 만들어.

오르츠

몽골에서도 아주 추운 지역인 홉스골 호수에
사는 차탕족의 천막집이야.
문을 여러 겹 만들어서 추위와 바람을 막아.
추위에 강한 순록을 가축으로 키워.

베잇타쉬아르

시리아, 아라비아, 아프리카 사막 지대에
사는 베두인족의 집이야.
검은 염소 털을 꼬아 천막을 만들어.
낙타털이나 양털을 쓰기도 해.

눈으로 지은 얼음집
이글루

📍 북아메리카 캐나다 누나부트준주

☀️ 북극성 기후

🄲 여름 0℃~5℃, 겨울 -10℃~-50℃

📖 이눅티투트어, 영어, 불어

누가 살고 있을까?

팔루지는 캐나다 누나부트준주 엘즈미어섬에 사는

이누이트 소년이야.

이누이트들은 캐나다뿐 아니라 알래스카와 그린란드,

시베리아의 베링해 연안에 살고 있어.

이누이트들은 먹을거리가 나지 않는 추운 곳에서 살기 때문에

순록이나 바다표범, 물고기, 고래 들을 잡으며 지내야 했어.

그래서 계절 따라 이동하는 사냥감을 쫓으며 살아왔지.

만약 눈으로 만든 얼음집이 없었다면 정말 힘들었을 거야.

지금은 이누이트들도 대부분 정착 생활을 해.

공예품을 만들어 팔거나 가죽 공장에 다녀.

또 관광업을 하기도 하지.

마침내 해가 떠오르고

낮에도 해가 뜨지 않는 극야가 세 달도 넘게 이어졌어. 한낮이 되어도 푸르스름하고 어두컴컴해서 낮인지 밤인지 구분할 수 없었어. 해가 뜨지 않아 기온은 영하 40도 아래로 뚝 떨어졌지. 매서운 추위 때문에 호수와 바다도 꽁꽁 얼어붙었어.

어떤 날은 하루 종일 하늘에서 오로라가 넘실대기도 했어. 이렇게 끝없이 밤만 계속되자 팔루지는 아름다운 오로라마저 슬슬 지겨워지기 시작했어.

사람들이 지쳐갈 때쯤 마침내 지평선 위로 붉은 태양이 모습을 드러냈어. 해가 뜨자 혹독한 추위도 살짝 수그러들었지. 드디어 이누이트들의 사냥철이 시작된 거야.

"아버지, 오늘은 사냥터에서 자고 오나요?"

사냥 갈 생각에 신이 난 팔루지가 들뜬 목소리로 아버지에게 물었어.

"넌 집에 있으면 좋겠구나. 아직 날이 추워서 위험할 것 같아."

묵묵히 사냥 준비를 하던 아버지가 대답했어.

"하지만 저도 꼭 가고 싶어요."

이누이트들은 어릴 때부터 카약* 타는 법과 사냥하는 법을 익히고, 동물 가죽을 손질하는 법을 배워. 팔루지도 아주 어릴 때부터 아버지와 마을 어른들 모습을 지켜보고 배우며 자랐어. 얼른 자기 몫을 다하는 이누이트가 되고 싶었지.

"할 수 없지, 오늘은 함께 바다표범 사냥을 하고 캠프에서 자자 꾸나. 날씨가 좋으면 내일까지 사냥하고 돌아오도록 하자."

아버지가 팔루지 어깨를 두드리며 말했어. 팔루지 표정이 활짝 피었지. 얼른 털가죽 옷과 털가죽 장갑, 카미크*로 무장했어. 순록 뼈로 만든 이누이트 선글라스도 챙겨 쓰고 아버지를 따라나섰어.

오늘은 개들이 썰매를 끄는 대신 스쿠터를 쓰기로 했어. 아버지는 썰매에 배를 싣고 그 안에 총과 작살, 그물을 실었어. 그리고 끝없이 펼쳐진 눈밭을 시원스레 헤치고 달려 사냥터에 도착했어. 한데 바다표범을 잡기도 전에 날씨가 갑자기 변덕을 부리지 뭐야. 별안간 날이 컴컴해지더니 앞이 보이지 않을 만큼 눈발이 세차게 날렸어.

"팔루지, 오늘은 여기서 자고 가야겠다."

"사냥 캠프까지는 아직 멀었는데요? 그리고 전 아직 사냥도 못 했잖아요."

* 카약: 바다표범 가죽으로 만든 이누이트 전통 배로 혼자서 탄다. 뒤집혀도 다시 일어설 수 있도록 만들었다.
* 카미크: 바다표범 가죽으로 만든 장화.

팔루지가 시무룩한 표정을 짓자 아버지가 타일렀어.

"사냥도 중요하지만 변덕스러운 날씨에 지혜롭게 대처하는 법
도 꼭 알아야 한단다."

아버지는 매서운 눈보라 속에서 이글루를 짓기 시작했어. 쌓인
지 오래돼 꽁꽁 얼어붙은 눈을 벽돌 모양으로 쓱쓱 잘랐어. 그리
고 하나둘 쌓아 올렸지. 얼마 지나지 않아 조그만 이글루가 모습
을 드러냈어.

아버지는 마지막으로 동그랗게 자른 눈을 지붕 가운데에 끼운 뒤, 이글루 입구에 쌓인 눈을 바깥으로 긁어냈어. 썰매에 있던 털 가죽을 바닥에 깔고, 고래기름 등불을 켜자 이글루 안은 옷을 벗어도 될 만큼 따뜻해졌어.

'나는 언제쯤 아버지처럼 사냥을 잘하고 이글루도 잘 만들 수 있을까? 나도 꼭 멋진 이누이트가 될 거야.'

팔루지는 북극 칼바람을 견디며 우뚝 서 있는 이눅슈크*를 바라보며 다짐했어.

얼음 땅에서 사는 사람들

지금으로부터 2만 5천 년 전쯤, 시베리아와 알래스카는 육지로 연결되어 있었어. 이 무렵에 육로를 따라 이주한 인류가 있었어. 그들은 시베리아와 알래스카를 지나 계속 이동했어. 다리 역할을 하던 낮은 육지가 다시 바다에 잠긴 뒤에도 배를 타고서 베링 해협을 건넜지. 그리하여 오늘날 이누이트들은 시베리아, 알래스카,

* 이눅슈크: 이누이트들이 세운 사람 모양 이정표.

캐나다, 그린란드에 걸쳐 지구 북쪽 지역에 자리 잡게 되었어.

기원전 2,500년 무렵 이누이트 조상들에게 영향을 준 사람들이 나타났어. 그들은 고래나 바다표범의 기름으로 불을 밝히고 집 안을 따뜻하게 하는 방법을 깨우치며 차츰차츰 추운 얼음 땅에서 지내는 법을 익혀 나갔어. 또 처음으로 썰매를 쓰기 시작했지. 그렇게 **도싯**이라 부르는 문화를 꽃피웠어. 이때 사람들을 **도싯 사람**이라고 불러.

기원전 500년에서 기원후 1,000년까지 번성한 도싯 사람들은 사냥을 쉴 때는 돌과 이끼로 만든 집에서 생활했어.

"온통 눈이 쌓여서 통나무는커녕 동굴조차 찾을 수 없네. 눈구덩이라도 파고 들어가자!"

"내린 지 오래된 눈이라 단단해. 파내는 것보다 칼로 잘라서 쌓아야겠어!"

그러다 마을을 떠나 사냥을 다닐 때는 눈으로 임시 집을 만들고 지냈어. 이렇게 이글루가 생겨났지. 이글루는 얼어붙은 눈과 칼만 있으면 만들 수 있어서, 도싯 사람들은 어디서든 집 걱정을 하지 않아도 되었어.

시간이 흐르고, 알래스카에 새로운 문화인 **툴레 문화**가 생겨났어. 툴레 문화는 도싯 문화를 대체하면서 북극 지역 곳곳으로 퍼져 나갔어. 이 문화를 꽃피운 사람들이 바로 오늘날 이누이트들의 조상이야. 그들은 개들을 훈련시켜 썰매를 끌도록 했어. 또 바다표범 가죽으로 배를 만들고, 작살과 창을 전보다 더 정교하게 만들어서 고래를 사냥했지. 이누이트 조상들은 고래를 사냥해 먹을 것을 넉넉히 마련했고 생활용품도 만들었어.

그러다 17세기 즈음, 소빙하기가 닥치면서 바다가 얼어붙고 말았어. 바다가 얼음으로 뒤덮이자 더는 고래 사냥을 할 수 없었지. 이누이트 조상들은 생활 방식을 바꿔야만 했어. 한곳에 머물러 살지 않고 먹을 것을 구하기 위해 사냥감을 쫓아다니기 시작한 거야. 겨울에는 사냥을 쉬고, 여름에 순록 사냥과 고기잡이를 하는 이동 생활을 했지. 오늘날 우리에게 잘 알려진 이누이트들의 생활 방식은 이때 완성되었어.

짧은 여름이 오면

팔루지가 사는 엘즈미어섬은 캐나다에서 세 번째로 큰 섬이야. 섬 절반이 눈과 얼음으로 뒤덮여 있지. 엘즈미어섬 둘레 바다에는 다른 곳에서는 좀처럼 보기 힘든 일각고래와 바다표범이 살아. 여름이면 덩치가 산만 한 북극고래도 볼 수 있어.

엘즈미어섬에 반가운 여름이 찾아왔어. 마을 어른들은 짧은 여름 동안 겨울 날 준비를 하느라 다들 바빴어. 부지런히 먹을 걸 모으고 바다표범 가죽을 손질했어. 때로는 야생 동물을 관찰하고 이누이트 문화를 체험하러 온 여행객들을 맞이하기도 했지.

아이들은 밤이 되어도 낮처럼 환한 여름 백야를 즐기며 신나게 뛰어놀았어. 질척거리는 땅에서 축구도 하고, 빙하가 녹은 물에서 수영도 했지.

또, 마을 사람들끼리 모여 흥겨운 잔치를 벌이기도 했어. 올여름 처음 잡은 고래 고기를 나눠 먹으며 즐겁게 춤도 추고 노래도 불렀어. 어른, 아이 할 것 없이 노루 꼬리만큼 짧은 여름을 온몸으로 즐겼어.

그런데 마냥 즐거워할 수만은 없었어. 우미악*을 타고 고래를 쫓던 사람들이 사고를 당할 뻔한 거야.

"빙산이 무너지며 생긴 파도 때문에 배가 뒤집힐 뻔했대."

"정말 걱정이야. 몇 년 전부터 여름이면 빙산이 깨지지를 않나, 단단하던 빙하가 죽처럼 녹아서 썰매가 빠지지를 않나."

---

*우미악: 나무로 틀을 짜고 바다표범 가죽을 덮어씌워 만든 이누이트의 전통 배. 카약보다 크다.

"모두 지구온난화 때문이지……."

최근 들어 여름이 올 때마다, 빙하가 자꾸 녹아서 섬의 모양까지 바뀌었어. 마을 사람들은 삶의 터전을 잃게 될까 봐 걱정이 이만저만이 아니었지.

팔루지는 아버지와 이웃집 와각 아저씨, 옆집 형을 따라서 함께 배를 타고 사냥을 나갔어. 여럿이 같이 움직이면 위험한 상황에 대처하기도 좋고, 사냥한 동물을 손질하거나 나를 때 훨씬 수월하거든.

팔루지와 어른들은 바다표범이 보이는 곳까지 노를 저어 갔어. 호기심 가득한 바다표범들이 동그란 눈을 깜박이며 멀리서 팔루지를 바라보았어.

"쉿!"

별안간 아버지가 손을 들어 배를 멈추게 했어. 와각 아저씨도 무언가 느꼈는지 표정이 굳었지.

그때였어. 배 가까이에서 일각고래 뿔이 물 위로 불쑥 솟았어. 고래의 뜨거운 숨이 허연 수증기가 되어 뿜어져 나왔지. 일각고래를 만나기란 좀처럼 쉬운 일이 아니어서 다들 흥분했어.

"작살! 아바딱*은 잘 묶었지?"

* 아바딱: 물개 가죽으로 만든 공기 주머니.

"물론이지."

아버지와 와각 아저씨는 서둘러 움직였어. 일각고래가 숨을 쉬려고 다시 물 위로 헤엄쳐 오르자, 아버지는 고래를 향해 힘껏 작살을 던졌어.

"와! 맞았어요!"

팔루지가 소리쳤어. 작살이 꽂힌 고래는 물속으로 도망쳐 들어갔어. 그러나 작살에 아바딱이 달려 있어서 고래는 더 도망치지 못하고 다시 물 밖으로 나올 수밖에 없었어.

아버지와 와각 아저씨는 고래가 더는 고통을 느끼지 않도록 재빨리 숨을 끊었어. 노련하면서도 자비로운 사냥꾼의 모습이었지.

또다시 긴 겨울이 찾아오고

따뜻한 여름이 눈 깜짝할 사이에 지나갔어. 새벽이 되면 겨울 냄새가 났지. 그런데 어른들은 다가오는 추운 겨울을 오히려 반기는 기색이야.

겨울이 시작될 무렵, 팔루지는 아버지와 함께 남동생을 데리고 바다표범 사냥에 나섰어. 팔루지의 동생은 날마다 사냥에 따라가

겠다고 조르던 터라, 개들이 끄는 썰매를 타자마자 신나게 노래를 흥얼거렸어. 그런데 동생의 잔뜩 부푼 기대와 달리, 화창했던 날씨는 금세 바뀌어 돌풍이 불고 흐려졌어.

"갑자기 날씨가 이상해요. 집으로 돌아가야 할까요?"

"바다표범 한 마리 정도는 잡을 수 있을 것 같구나."

"저도 같이 갈게요. 제가 도와야죠!"

"너는 여기서 동생을 돌보고 있으렴. 늦지 않게 다녀오마!"

아버지는 작살을 들고 성큼성큼 걸어갔어.

썰매에 묶인 개들은 서로 몸을 맞대고 눈 위에서 웅크린 채 잠을 잤어. 흩뿌리는 눈이 개들의 등 위로 조금씩 쌓여 갔지. 팔루지와 동생은 사냥 놀이를 하며 시간을 보냈어.

"형, 너무 추워. 아빠는 언제 와?"

"이제 곧 오실 거야. 눈이 많이 내려서 걱정이네."

날이 점점 더 추워졌어. 아무것도 모르는 어린 동생은 자꾸 보채기만 했어. 팔루지는 문득 아버지가 이글루를 지었던 기억이 떠올랐어.

"형이 눈으로 따뜻한 집을 지어 줄게. 조금만 기다려!"

"형도 눈으로 집 지을 줄 알아?"

팔루지는 단단하게 얼어붙은 눈을 칼로 잘라 냈어. 눈발이 차츰 거세졌어. 눈보라가 몰아치기 전에 얼른 집을 지어야겠다는 생각에 팔루지는 마음이 급해졌지.

"형 좀 도와줄래? 눈덩이를 저쪽으로 옮겨 줘."

몸을 움직여야 덜 추울 거라는 생각에 팔루지는 동생에게 눈덩이를 옮기도록 했어.

눈을 네모반듯하게 자르기란 생각만큼 쉽지 않았어. 게다가 네모난 눈덩이를 둥그렇게 쌓아 올리는 일도 만만치 않았지. 이글루가 완성되어 가다가도, 엉성하게 쌓았는지 자꾸만 무너져 내렸어.

"형이 금방 다시 쌓을게."

팔루지는 아버지가 이글루를 만들던 모습을 하나하나 떠올렸어. 이번에는 무작정 쌓지 않고 나선형 꼴로 차근차근 쌓아 올렸지. 자꾸 하다 보니 요령이 생겼어.

'시간이 없으니 작게 지어야겠다. 키가 작아서 높이 쌓기가 힘드네. 대신 바닥을 파야겠어.'

팔루지는 마침내 이글루를 완성했어. 여기저기 구멍이 숭숭 뚫려 엉성한 모습이었지만 마음이 뿌듯했어. 혼자 힘으로 이글루를 지을 수 있을지 몰랐거든.

"와! 정말로 집을 지었네! 형, 멋있어! 이제 들어가면 돼?"

"잠시만 기다려 봐."

팔루지는 눈을 긁어모아 구멍 난 틈새를 꼼꼼히 막았어. 마지막으로 입구에 털가죽을 걸었지. 그러고는 동생을 데리고 이글루 안으로 들어갔어. 얼마 지나지 않아, 이글루 바깥에서 매서운 눈보라 소리가 들려왔어. 고래기름 등불이 흔들거리며 불빛을 길게 늘였지. 이글루 안은 아늑하고 따뜻했어. 어린 동생은 팔루지 옆에서 곤하게 잠이 들었어.

바람 소리만 끝없이 들리는데, 시간이 얼마나 지났는지 모르겠어. 팔루지도 깜박 잠이 들고 말았어. 그러다 자기를 따뜻하게 다독이는 손길에 게슴츠레 눈을 떴지. 아버지가 곁에 앉아 있었어. 아버지는 눈보라 속에 있을 아이들이 걱정돼 숨 가쁘게 달려왔는지, 온몸이 땀으로 젖어 있었어.

"우리 팔루지가 이젠 다 컸구나."

팔루지는 말없이 아버지 품에 꼭 안겼어. 하고 싶은 말이 너무도 많았지만, 아무 말도 하지 않았어. 아버지도 말없이 팔루지 등을 다독거렸어.

이글루에 놀러 올래?

이누이트들은 계절에 따라 두 개의 보금자리에서 지냈어.
겨울철에는 이글루, 여름철에는 투피크라고 하는
천막집에서 살았지.
투피크는 고래 뼈, 바다표범 가죽으로 지었대.

차가운 바람이 들어가지 않도록
입구와 통로를 꺾어 만들어.

입구에서 가까운 통로는
창고로 사용해.

이글루에서 생활하기도 했지만
주로 사냥 다닐 때 임시 집으로 쓰였어.

창문과 환기구가 있어.

안쪽 커다란
방에서 잠을 자.

이눅슈크는 이누이트들이
길을 찾으려고 만든 이정표야.
사람 모양으로 돌을 쌓아
만들었어.

세계 문화 배경지식  쑥쑥!

이글루는 이렇게 만들어!

1. 먼저 지으려는 이글루 크기만큼 바닥에 원을 그려.

2. 고래 뼈로 만든 긴 칼로 단단하게 얼어붙은
   눈을 벽돌처럼 반듯하게 잘라.
   그리고 차근차근 눈 벽돌을 쌓아 올려.

3. 눈 벽돌을 안쪽으로 조금씩 기울여 쌓아.
   나선형 꼴로 꼭대기까지 쌓으면 돼.

4. 동그란 돔 모양으로 이글루를 쌓고 난 뒤에,
   벽 틈새를 눈으로 메워서 마무리해.

5. 이글루 안에 등불을 밝혀서 안쪽 벽을
   살짝 녹이고는 차가운 바람을
   통하게 해서 다시 얼려.
   그러면 이글루가 더 튼튼해져.

6. 천장과 벽에 털가죽을 두르고 등불을 켜.
   단을 높이 쌓아서 침대도 만들어.

이누이트의 오늘

오늘날 이누이트들은 현대식 집을 짓고 한곳에 정착해서 생활해.
공동체를 이루어 빠르게 바뀌는 세상에 대응하면서
자기들 삶과 문화를 지켜 나가고 있지.
고래 사냥은 여전히 이누이트들의 생존을 위해서 꼭 필요한 일이야.
그래서 알래스카에 사는 이누이트들은 봄과 가을에 북극고래를 사냥해.
자연과의 공존을 위해, 국제 포경 위원회와 정부로부터 철저히
관리받으며 사냥하고 있어.

나무 위에 지은 집

인도네시아 파푸아의 열대 밀림에도
이글루처럼 둘레 환경에 적응하며
만든 집이 있어.
이곳에 사는 코로와이족은 나니라고
부르는 잘 썩지 않는 튼튼한 나무 위에
집을 짓고 살아.
그 높이가 무려 10미터에서
40미터나 돼.
코로와이족이 이렇게 높은 곳에
집을 짓고 사는 까닭은 짐승들을
피하고 적의 침입을 막기 위해서야.

카파도키아의 신비한
동굴 집

- 📍 서아시아 튀르키예 카파도키아
- ☀️ 지중해성, 흑해성 기후
- ℃ 연평균 18℃∼20℃
- 📖 튀르키예어
- ☆ 이슬람교, 기독교, 유대교

누가 살고 있을까?

하잠은 카파도키아 괴레메 마을에 사는 소년이야.

이곳은 매우 특이한 화산 지형을 갖추고 있어.

그래서 물자 운송이 힘들었던 옛날, 나무까지 귀했던

괴뢰메 협곡에서는 화산 지형을 이용해 동굴 집을 짓고 살았어.

오늘날 마을 주민 대부분이 동굴 집을 떠나

현대식 집으로 이사했지만,

하잠과 식구들처럼 동굴 집에서 살기를

고집하는 사람들도 몇몇 남아 있어.

튀르키예는 예부터 농업 강국이야.

밀과 보리, 옥수수 농사를 짓고,

포도와 올리브, 무화과, 피스타치오를 많이 생산해.

동굴에서 사는 아이

기분 좋게 들리는 새소리에 하잠은 눈을 떴어. 집 앞 다래나무 덩굴로 몰려든 새들 노랫소리에 아침마다 저절로 눈이 떠지곤 해. 하잠은 기지개를 크게 켜며 조금 더 잘까 잠시 고민했어. 오늘은 일요일이라 학교에 가지 않거든. 학교를 쉬는 날엔 왜 더 일찍 눈이 떠지는지 모르겠어.

하잠은 카파도키아에 있는 괴레메 마을에 살아. 괴레메 마을은 유네스코 세계문화유산으로 지정된 괴레메 국립공원에서 멀지 않은 곳에 있어. 덕분에 관광객들이 많이 찾아와서 마을은 아침부터 늦은 밤까지 활기차.

푸슈욱! 슈욱!

관광객을 태운 열기구가 지나가는 소리가 들렸어. 해 뜰 무렵이면 가끔 하잠네 집 바로 앞으로 열기구가 지나가곤 해.

"하잠! 하잠! 창문 좀 열어 봐!"

그때 창문 밖에서 삼촌이 하잠을 다급하게 불렀어. 하잠은 얼떨결에 후다닥 창문을 열었지. 하지만 바로 후회하고 말았어. 열기구에 가득 탄 관광객들이 하잠에게 반갑게 손을 흔들었거든. 깜짝 놀란 하잠의 마음을 아는지 모르는지 관광객들은 여러 나라 말로 떠들썩하게 인사했어.

"우아! 진짜로 사람이 나왔어! 안녕!"

"동굴에 사람이 살고 있네. 신기하다!"

하잠은 쑥스럽게 웃으면서 손을 흔들었어. 얼굴이 새빨개졌지.

하잠의 삼촌은 열기구 조종사야. 열기구 조종사는 하잠의 꿈이기도 해. 삼촌이 열기구 조종사가 되고 난 다음부터 하잠은 날마다 삼촌에게 열기구 조종법을 가르쳐 달라고 졸라 대곤 했어.

열기구에서 삼촌이 또다시 외쳤어.

"하잠! 삼십 분 뒤에 산꼭대기에서 만나자! 동굴 집에서 네가 나오니까 관광객들이 아주 좋아하네!"

눈곱도 못 뗀 얼굴로 세계 여러 나라 사람들과 인사하게 해 놓고는, 그것도 모자라서 아침 일찍부터 산꼭대기로 나오라니! 삼촌이 정말 얄미웠어. 그래도 하잠은 살짝 기대되기도 했어.

'드디어 삼촌이 열기구 조종하는 법을 가르쳐 주려는 걸까?'

하잠은 일요일마다 아버지와 함께 피스타치오밭에 일하러 가야 했어. 삼촌이 열기구를 태워 준다면 오늘은 쉴 수 있을지도 몰라. 기분 좋은 상상에 하잠은 살며시 미소 지었어.

지하에 도시가 있었다고? 역사+문화

지금으로부터 300만 년 전, 에르지예스 화산이 폭발하면서 화산재와 용암이 카파도키아 땅을 뒤덮었어. 두껍게 쌓인 화산재는 응회암이라는 부드러운 돌로 굳었어. 하지만 용암이 굳으며 생긴 화성암은 응회암보다 훨씬 단단했어.

부드럽고 단단한 돌들이 뒤섞인 카파도키아 지형은 오랜 세월 동안 비바람에 시달리며 아주 특별한 모습으로 거듭났어. 단단한 돌은 천천히 깎여 나갔고, 부드러운 돌은 더 빨리 깎여 나갔거든. 이러한 차이가 성처럼 생긴 언덕, 버섯 모양의 암석 기둥, 울퉁불퉁한 계곡들을 만들었지.

기원전 1,700년쯤부터 이곳에 살던 히타이트 사람들은 부드러운 바위를 파내서 동굴을 만들 수 있다는 걸 알게 되었어. 그렇게 동굴 집이 생겨났지. 동굴 집은 더위와 추위를 피하기에 안성맞춤이었어. 게다가 집 구조를 마음대로 만들 수 있어서 편리하기까지 했어.

그 뒤 세월이 흘러 로마 시대 때, 초기 기독교인들이 종교 박해를 피해서 카파도키아 바위산으로 숨어들었어. 그리고 버려진 동

굴 집을 고쳐서 살기 시작했어. 적들이 쉽게 들어오지 못하게 입구를 높은 곳에 만들고 사다리를 타고 오르내렸지. 그들은 바위산에 교회까지 지으며 자기들만의 공동체를 꾸려 나갔어.

카파도키아는 동서양을 잇는 중요한 길목인 데다 땅까지 비옥해서 늘 전쟁이 잇따랐어.

"동굴 집이 높은 곳에 있어도 눈에 띄니까 위험하긴 똑같아."

"노인과 여자, 아이들, 먹을 걸 숨길 곳이 필요해."

"그럼 땅을 파 보자! 땅속 바위도 부드러워서 잘 파질지 몰라."

그래서 카파도키아에 살던 사람들은 땅속에 지하 도시를 만들기 시작했어. 집과 우물, 가축우리까지 만들었지. 평화로운 시절에는 땅 위에서 지내다가 전쟁이 나면 지하 도시로 숨었어.

7세기 무렵, 이슬람교와 갈등이 심해지자 기독교인들이 지하 도시로 도망쳐 왔어. 많은 사람들이 오랫동안 숨어 지내다 보니 지하 도시는 점점 커지고 더욱 복잡해졌지.

'깊은 우물'이라는 뜻을 가진 지하 도시 데린쿠유는 2만여 명의 사람들이 살 수 있었을 거라고 해. 얼마나 넓은지 짐작할 수 있겠지? 이 밖에도 카파도키아에서는 40여 개에 이르는 지하 도시가 발굴되었어.

이제 지하 도시에는 사람이 살지 않아. 동굴 집에서 사는 사람들도 드물지. 대부분 사람들이 현대식 건물로 이사했어. 오늘날 동굴 집은 주로 관광객들을 위한 숙소, 식당, 카페로 쓰여.

둘도 없이 멋진 곳

뜨거운 늦여름 햇빛이 산꼭대기를 비췄어. 날이 슬슬 더워졌지. 그래도 공기가 건조해서 바람이 불면 시원했어. 하잠은 늦여름에 부는 바람을 좋아해. 바람에서 달콤한 향기가 나거든.

하잠은 산꼭대기에 올라 기대에 가득 찬 눈으로 삼촌을 바라보았어. 그런데 삼촌은 생뚱맞은 부탁을 했어.

"내가 아침마다 열기구에서 부르면 창문 밖으로 손을 흔들어 줄래? 관광객들이 동굴 집을 무척 좋아하고 궁금해하더라!"

하잠은 몹시 실망했어. 산꼭대기까지 오르느라 괜스레 고생만 시키고 끝내 열기구 모는 법을 알려 주지 않는 삼촌이 미웠어. 그래서 대답도 하지 않고 집으로 뛰어왔지.

"쳇! 무슨 삼촌이 그래?"

하잠은 아버지 차를 타고 피스타치오밭으로 가다가 심통이 나서 중얼거렸어. 열기구 모는 법을 배우고 싶은 바람은 더 커져만 갔어.

그날 이후, 동틀 무렵이면 창밖에서 삼촌 목소리가 들려왔어. 하지만 하잠은 못 들은 척 창문을 열지 않았지. 삼촌한테 서운한 마음이 가시지 않았거든.

며칠 뒤, 하잠은 학교를 마치고 평소처럼 동네 아이들과 즐겁게 어울려 놀았어. 친구들과 한껏 폼잡으며 레슬링도 했지.

후둑! 후두두둑!

그런데 갑자기 먹구름이 끼더니 비가 쏟아졌어. 하잠은 친구들과 인사하고 황급히 집으로 뛰어갔지. 계단을 오르고 좁은 골목을 지나자, 하잠과 식구들이 사는 고깔 모양 동굴 집이 나왔어.

하잠은 문을 열고 들어서다가 응접실에 앉아 있는 삼촌과 외국인 손님을 보고 깜짝 놀랐어. 외국인 손님은 삼촌 친구였어.

아버지와 어머니, 삼촌과 삼촌 친구는 함께 모여 차를 마시고 있었어. 달콤한 바클라바*도 곁들여 먹었지. 삼촌은 하잠이 사는 동굴 집을 입에 침이 마르도록 자랑했어.

"우리 마을 바위는 쉽게 다듬어져. 선반이 필요하면 그냥 벽을 파내면 돼! 멋있지?"

* 바클라바: 설탕과 견과류를 넣어 만든 튀르키예 전통 간식.

"이렇게 아름다운 곳에서 살 수 있다니 부러워."

삼촌 친구는 정말 부러운 눈치였어. 하잠은 이상하다고 생각했어. 창밖으로 보이는 풍경이라고는 울퉁불퉁한 바위산뿐인 이곳이 뭐가 아름답다는 건지 와닿지 않았어.

"내가 튀르키예 사람이라는 것이 자랑스러워요. 유럽과 아시아가 만나는 역사 깊은 곳에 사는 것도 마음에 들고요."

"달콤한 과일을 먹을 때, 밀과 피스타치오를 풍성히 수확할 때 행복하다는 생각이 들지요."

어머니와 아버지가 입을 모아 말했어.

"그래서 내가 카파도키아를 못 떠나고 열기구 조종사가 된 거야. 하늘에서 내려다보는 카파도키아 풍경은 한 번 보면 절대 잊을 수 없다고. 너에게도 꼭 보여 주고 싶어."

삼촌도 진지한 표정으로 친구한테 이야기했어.

"드디어 내일 네가 늘 말하던 멋진 풍경을 볼 수 있는 거지?"

하잠은 삼촌 친구 말에 벌떡 일어나 소리쳤어.

"저도 따라갈래요! 나중에 저도 열기구 조종사가 될 거예요!"

"그러니? 그럼 내일 새벽에 열기구를 탈 때 같이 가자."

친구 말에 삼촌은 잠깐 생각하더니 선선히 허락했어. 창밖을 보니 비가 그치고 하늘이 붉게 물들고 있었어. 저녁 기도 시간을 알리는 아잔* 소리가 붉은 구름과 함께 괴레메 하늘을 흘러 다녔지.

하잠은 빨리 내일이 오길 바랐어. 이번에는 삼촌이 정말로 열기구 모는 법을 알려 줄지 몰라. 오늘 밤은 마음이 설레어 쉽게 잠이 올 것 같지 않았어.

---

* 아잔: 이슬람 사원에서 기도 시간을 알리는 노래.

열기구 비행

풀밭에 축 늘어져 있던 열기구 풍선이 점점 크게 부풀어 올랐어. 풍선이 부풀어 오르는 만큼 하잠의 마음도 점점 들떴지. 평소보다 훨씬 일찍 일어났지만 졸리지 않았어. 마을 하늘을 수놓는 열기구를 늘 봤지만, 열기구를 탈 때면 항상 가슴이 기분 좋게 콩닥거렸어.

"지금부터 한 시간 정도 비행할 거야. 오십 분쯤 뒤에 해가 뜰 테고, 해가 뜨는 걸 보고 땅으로 내려올 거야."

삼촌은 하잠과 친구를 보며 힘차게 말했어. 열기구가 잠시 흔들리더니 둥실둥실 떠올랐어. 열기구가 떠오르자 자동차 한 대가 따라오며 삼촌과 바쁘게 교신을 했어.

"하잠! 여기가 너희 집이야. 저쪽은 우치히사르, 저기 저쪽은 로즈밸리지."

하늘에서 내려다보는 괴레메 마을은 한없이 평화롭고 행복해 보였어. 열기구는 계곡 깊숙이 들어가기도 하고 하늘 높이 솟기도 하며 카파도키아 곳곳을 누볐어.

"정말 멋져. 여기서 본 걸 평생 잊지 못할 거야."

삼촌 친구가 감동한 듯 말했고, 하잠 역시 새삼스레 마을이 멋
져 보여서 가슴이 두근거렸어.

그때였어. 갑자기 삼촌이 얼굴을 찡그리며 주저앉았어. 다리
에 쥐가 난 듯했어. 다리를 열심히 주물렀지만 통증은 가시지 않
았어.

"하잠, 내가 알려 주는 대로 열기구를 조종해 봐. 먼저 고도계
를 확인해."

삼촌이 힘겹게 말했어. 하잠은 잔뜩 긴장하며 고도계를 봤지.

"삼촌, 고도가 98미터예요."

"버너에 불을 붙여서 고도를 높여. 110미터보다 높게 유지해."

"이제 110미터예요!"

"우리 목적지로 가려면 남동풍을 타야 해. 하잠! 긴장하지 말고 찬찬히 해 봐!"

하잠은 삼촌이 알려 주는 대로 열기구를 몰았어. 그러나 삼촌이 조종하는 모습을 곁에서 지켜볼 때와는 아주 달랐지. 삼촌 말대로 열기구를 조종했지만, 자꾸 다른 방향으로 가는 듯했어.

"삼촌! 열기구가 자꾸 다른 곳으로 가요."

삼촌 말소리와 무전 소리, 버너가 타오르는 소리가 뒤섞여 들리는 바람에 하잠은 정신을 차릴 수가 없었어.

"긴장 풀고 바람을 느껴 봐. 그리고 원하는 바람을 타도록 고도를 조정해. 어느 높이에서 어떤 바람이 부는지 느낄 수 있어야 해."

'열기구 조종사는 내 꿈이잖아! 겁먹지 말자. 할 수 있어!'

하잠은 마음을 다잡고 다시 열기구를 모는 데 집중했어. 가려는 방향을 머릿속에 떠올리고, 바람을 느껴 보려 애썼어. 마침내 열기구가 하잠이 가려는 데로 바람을 타고 움직였어.

"삼촌! 지금 제대로 가고 있어요!"

"그래, 정말 잘했다!"

열기구가 밝게 물들어 가는 하늘을 천천히 가르며 날았어. 세 사람은 한동안 말없이 하늘을 바라봤어.

"오늘 정말 멋지더라. 훌륭한 열기구 조종사가 될 수 있겠어!"

"그래, 네 덕분에 정말 멋진 풍경을 봤어. 고마워."

삼촌과 삼촌 친구가 칭찬하자 하잠은 쑥스럽게 웃었어. 열기구는 하늘에 좀 더 머물다가 안전하게 땅으로 내려왔어. 땀으로 흠뻑 젖은 하잠의 등줄기를 늦여름의 달콤한 바람이 훑고 지났어. 하잠 마음은 마치 열기구 풍선처럼 뿌듯함으로 가득 차올랐어.

"삼촌! 저는 꼭 열기구 조종사가 될 거예요. 그리고 카파도키아에 계속 살면서 이곳의 멋진 풍경을 여러 사람에게 보여 줄래요!"

삼촌이 하잠 어깨를 다독이며 친구한테 한쪽 눈을 찡긋했어. 친구도 삼촌을 바라보며 활짝 웃었지. 그 모습을 다행히 하잠은 못 보았지만 말이야.

동굴 집에 놀러 올래?

바위가 부드러워서 집주인이
원하는 대로 지을 수 있어.

필요한 만큼 방과, 거실,
부엌을 만들어.
모두 집주인이 바위를
파서 짓기 나름이야.

집 안은 **여러 층**으로
되어 있어.

예전에는 **입구**를 높이
만들어서 사다리를 타고
올라갔어.

세계 문화 배경지식 쑥쑥!

아나톨리아 반도의 역사

오늘날 튀르키예가 있는 아나톨리아 반도는 아시아와 유럽을 잇는 길목에 있어. 그렇다 보니 예부터 동서양 문명이 서로 융합하거나 충돌했지. 이렇게 중요한 땅이었던 만큼 아나톨리아 반도는 여러 번 주인이 바뀌었어. 기원전 1,700년 무렵, 히타이트인들이 아나톨리아 반도에 들어왔어.

그들은 아나톨리아 반도를 중심으로 제국을 세우고 고대 이집트와 겨룰 만큼 강력한 문명을 이룩했어. 그 뒤 프리기아, 리디아, 페르시아 같은 왕국과 제국이 들어서며 역사를 이어 갔지. 기원전 330년, 알렉산드로스 대왕이 페르시아 제국을 무너뜨리며 아나톨리아 반도는 헬레니즘 시대를 맞았어. 시간이 흘러 395년, 로마 제국이 둘로 나뉘며 동로마 제국이 아나톨리아 반도의 새로운 주인이 되었어.

제국의 수도인 콘스탄티노플은 동서양 무역의 중심지가 되었고 찬란한 비잔틴 문화를 꽃피웠어.

그러던 1453년, 오스만 제국이 콘스탄티노플을 함락하며 동로마 제국을 무너뜨렸어. 동서양 교역로를 장악한 오스만 제국은 더 부강해졌지. 그런데 17세기에 들어서면서 유럽의 다른 나라들이 새로운 바닷길을 개척했고, 그 때문에 점점 세력이 줄어들었어.

그러다 제1차 세계 대전에 휘말리며 오스만 제국은 몰락했고 1923년, 지금의 튀르키예 공화국을 세우게 되었어.

지하 마을, 마트마타

아프리카 대륙, 튀니지에 있는 마트마타는 세계에서 가장 큰
지하 마을이야. 구덩이를 깊게 파고, 안쪽 벽에 다시 동굴을 파서
집을 지었어. 이렇게 지은 집들을 지하 통로를 만들어 서로 연결했어.
그렇게 땅속에 마을이 생겨났지.
바깥 기온이 45도를 넘는 한여름에도 마트마타는
기온이 25도를 넘지 않아서 시원하다고 해. 지금도 사람들이
살고 있고, 영화 〈스타워즈〉 촬영지로 유명해졌어.
7천 년 전, 이곳으로 옮겨 온 베르베르인들이 뜨거운 태양을 피하려고
지하 마을을 세웠다는 이야기와,
로마 제국의 침략을 피해 지하로 숨어들었다는
이야기가 전설처럼 전해져.

깊은 산속 공동 주택

토루

- 🔵 동북아시아 중국 푸젠성
- ☀️ 아열대 기후
- ℃ 연평균 17℃~21℃
- 📖 하카어(중국어 방언), 보통화어(중국 표준어)
- ⭐ 유교, 불교, 도교, 민간 신앙

누가 살고 있을까?

메이링은 푸젠성 산악 지대에 사는 하카족 소녀야.

하카족은 전쟁과 재난을 피해, 중국 북부 지역에서

푸젠성을 비롯한 남부 지역으로 터전을 옮긴 사람들이야.

낯선 땅에서 선주민들과 맞서 싸우며 새로운 터전을 꾸려야 했던

하카족은 집을 마치 요새처럼 지었어.

하카족이 만든 공동 주택인 토루는 바깥벽 두께만

1.5미터에 이르고 높이도 10미터가 넘어.

토루 한 채에 많게는 800여 명까지 살 수 있었다고 해.

푸젠성에만 토루가 3만여 채 있는데,

그 가운데 건축 양식이 뛰어난 몇몇 토루는

2008년에 유네스코 세계문화유산으로 지정되었어.

빈방이 늘어나는 토루

중추절*이 코앞인데 푹푹 찌는 더위가 여전한 나날이었어. 학교에 다녀온 메이링은 할머니를 도와 곶감 손질을 했어. 나무틀에서 꾸덕꾸덕 마르고 있는 곶감을 다시 예쁘게 모양 잡고, 덜 마른 쪽이 해를 보도록 뒤집었어. 곶감을 보자 메이링은 아빠 생각이 났어.

"조금 있으면 중추절이니까 곧 아빠도 오시겠지?"

메이링은 중국 푸젠성 난징현에 살아. 워낙 산이 많은 곳이라 평야라고는 찾아보기 힘든 곳이지. 메이링네는 산비탈에 다랑논과 계단밭을 가지고 있어. 엄마는 그곳에서 식구들이 먹을 쌀과 채소를 농사짓고, 차밭을 가꾸어 돈을 벌지. 그래도 먹고사는 데 필요한 돈은 거의 아빠가 벌어 와.

메이링이 사는 집은 토루라고 부르는 공동 주택이야. 토루는 바깥벽이 두껍고 출입구가 하나밖에 없어서 마치 커다란 요새처럼 생겼어. 집 한가운데 마당을 바깥벽이 빙 둘러싸고 있어서 위에서 내려다보면 마치 도넛 같아. 메이링이 사는 동네에는 조금씩 다르게 생긴 토루들이 많이 모여 있어.

* 중추절: 중국의 추석을 이르는 말. 중국 4대 전통 명절 가운데 하나.

메이링이 사는 토루는 4층짜리여서 40가구* 정도가 함께 살았어. 그런데 같이 살던 사람들이 일거리를 찾아서 자꾸 도시로 떠나다 보니 북적이던 모습은 간데없고, 빈방만 늘어나서 커다란 공동 주택은 쓸쓸하기만 했어.

사람들이 점점 떠나서 어떤 토루는 폐허가 되기도 했고 창고로 쓰는 곳도 생겼어. 이제 마을에 남은 사람들 대부분은 노인과 어린아이들뿐이야.

메이링은 엄마가 일하는 모습을 물끄러미 바라보았어. 엄마는 마루와 기둥을 기름걸레로 닦

* 가구: 집안 식구처럼 함께 사는 사람의 모임을 세는 단위.

고, 삐거덕 소리가 나는 곳을 하나하나 손보고 다녔어.

'엄마는 왜 저렇게 토루를 정성껏 손보는 걸까? 낡아서 삐거덕 거리는 데다 비만 오면 물이 줄줄 새는 낡은 집이 뭐가 좋다고.'

메이링은 엄마 눈치를 보다가 슬며시 말을 꺼냈어.

"엄마, 우리도 아빠 따라서 도시로 가면 안 돼요? 이런 낡은 집 에서 더는 살기 싫어요."

엄마는 하던 일을 잠시 멈추고 대답했어.

"메이링, 이 집은 조상님들이 대대로 우리에게 물려준 소중한 유산이야. 그러니까 오래도록 잘 지켜야 하지 않겠니? 여기를 떠났던 사람들도 언젠가 다시 돌아오는 날이 올 거야. 조금만 기다려 보렴. 아버지도 돌아오고, 네 친구들도 돌아올 거야. 앞 으로는 네가 이 집을 잘 지켜야 한단다."

메이링은 엄마 말이 마음에 와닿지 않았어. 그저 자기 마음을 모르는 것 같아 서운하기만 했지.

시간이 켜켜이 쌓인 집

메이링은 도시로 떠난 사촌 언니가 보고 싶었어. 언니가 그리울 때면 언니 방으로 가서 창밖을 바라봤어. 창밖으로 보이는 마을 풍경은 더없이 평화로웠지만 마음은 오히려 더 쓸쓸해졌어.

'페이옌 언니는 이제 이곳이 싫어졌나? 낡은 집이지만 나도 있고, 오리도 있고, 또 마을에 감꽃이 피면 얼마나 예쁜데…….'

해가 산 너머로 기울자 메이링은 언니 방에서 나왔어. 그때 1층 부엌에서 엄마가 소리쳤어.

"메이링! 곶감 걷어 놓고 오리들도 불러오렴!"

메이링은 괜스레 짜증이 나서 거칠게 계단을 내려갔어. 곶감을 걷어서 마당 한쪽에 휙 던져 놓고 논으로 갔지.

'엄마는 이상해. 이런 곳에서 사는 것이 뭐가 좋다고. 다들 떠나는데 뭐 하려고 여기를 지키자는 거야!'

메이링은 속으로 씩씩대며 골목길을 걸어갔어. 그때 헛간으로 쓰는 토루 마당에서 아이들 웃음소리가 들려왔어. 메이링은 문 쪽으로 가서 안을 들여다봤지. 열린 문틈으로 동네 말썽꾸러기 아이들 서너 명이 불장난하는 모습이 보였어.

"여기서 뭐 하는 거야! 불나면 어떡하려고 그래?"

메이링은 토루로 들어서며 아이들에게 소리쳤어.

"누나가 뭔데 참견이야. 우리가 알아서 할 거니까 상관하지 마."

덩치 큰 남자애들이 메이링 앞을 막아서며 씩씩거렸어.

"흥, 아무튼 불나지 않게 조심해!"

살짝 겁이 난 메이링은 더 말리지 않고 돌아서서 나왔어.

'무슨 큰일이야 생기겠어? 오리나 데리러 가자.'

잠시 뒤, 논으로 갔던 메이링은 오리와 앞서거니 뒤서거니 하며 마을 골목길로 들어섰어. 그런데 아까 아이들이 장난치던 토루 쪽에서 시뻘건 불빛과 함께 연기가 피어오르는 게 보였어.

'설마?'

메이링은 서둘러 달리기 시작했어. 오리들도 덩달아 날갯짓을 하며 메이링을 뒤쫓았어. 아니나 다를까, 토루 앞에 어른들이 모여서 웅성대고 있었어.

"큰일 날 뻔했어. 일찍 발견해서 망정이지, 하마터면 100년도 넘은 집을 홀라당 태울 뻔했지 뭐야."

"빈집이라고 돌보지 않아서 그래. 이제부터라도 신경을 더 써야겠어."

메이링은 가쁜 숨을 고르며 생각했어.

'불이 크게 나지 않아서 다행이다. 그런데 아무도 살지 않는 집에 불이 좀 나면 어떻다고 다들 걱정하지? 어차피 낡은 집은 새

로 지으면 될 텐데.'

메이링은 고개를 저으며 다시 집 쪽으로 발길을 돌렸어.

전쟁을 피해 낯선 땅으로 〈 역사 + 문화

지금 중국이 자리한 땅에는 예부터 많은 나라가 생겨났다 사라지곤 했어. 또, 왕조에 맞서 반란을 일으키는 세력도 끊이지 않았지. 그러다 보니 잦은 전쟁으로 평화로울 틈이 없었어. 죄 없는 백성들만 줄곧 시달렸지. 참다못한 백성들은 고향을 떠나 낯선 땅으로 도망치곤 했어. 이러한 까닭으로 중국 한족*의 이주는 위진 남북조 시대부터 당나라, 송나라, 명나라, 청나라 때까지 이어졌어.

하카족은 금나라가 송나라를 침입했을 때 푸젠성, 광둥성을 비롯해 중국 남부 지역으로 터전을 옮긴 사람들이야.

하카족이 낯선 땅에 새로 자리 잡는 일은 무척이나 힘들었어. 선주민을 피해 산속에 자리를 잡았지만, 목숨을 건 싸움을 피할 수 없었거든. 이런 환경 때문에 많은 하카족 사람들은 바다 건너 다른 나라로 나가기도 했어. 세계 곳곳에 있는 화교 가운데 하카족이 많은 까닭이기도 해.

* 한족: 중국 땅에서 예부터 살아온 중국 중심이 되는 민족.

결국 하카족은 같은 씨족끼리 모여 살며, 집을 요새처럼 짓기로 했어. 집의 바깥벽은 석회와 진흙, 대나무 조각을 섞어 튼튼하게 세웠어. 땅을 파고 침입하려는 적을 막기 위해 땅속 깊은 곳에서부터 쌓아 올렸지. 출입문 위에는 물을 담아 둬서 불을 쓰는 공격에 대비했어. 또 마당에 우물과 방앗간도 지었어. 아이들을 위해 학교와 도서관도 빼놓지 않고 마련했지. 이렇게 튼튼하게 지은 토루는 적의 공격을 피해 집 안으로 피신하면 몇 달이 넘도록 안전하게 생활할 수 있었어.

이처럼 송나라, 원나라 때 생겨난 푸젠성의 토루는 하카족의 문화와 생활, 둘레 자연 환경에 맞춰 발전했어. 명나라 초기와 중기에 거듭 발전했고 청나라 때는 물론, 오늘날과 가까운 20세기에도 지어졌지. 건축 기술과 전통, 역사가 돋보이는 토루는 그 가치를 인정받아 2008년에 유네스코 세계문화유산으로 지정되었어.

과거의 유산이 미래의 희망으로

중추절을 이틀 앞둔 날이야. 메이링은 점심을 먹다가 엄마에게 또다시 물었어.

"엄마는 이곳에 남아 있는 게 싫지 않아요? 할머니, 할아버지들 말고는 다들 도시로 떠났는데……. 아빠를 따라가고 싶지 않아요?"

"엄마는 내가 태어나서 자란 이곳이 좋아."

"저는 다른 친구들처럼 도시로 가서 멋지게 살고 싶어요."

엄마는 빙긋 웃으며 말했어.

"메이링, 우리가 사는 토루는 150년도 더 된 집이잖니? 조상님 손때가 묻은 곳이지. 아무나 이런 곳에서 살 수 있는 게 아니란다."

"조상님이 물려준 집이라서 떠나면 안 되는 거예요?"

"단순히 조상님이 물려준 집이라 떠나지 말자는 뜻이 아니야. 엄마는 이 집을 보면 볼수록 참 아름답다는 생각이 든단다. 이렇게 아름답고 역사 깊은 집을 물려받은 것은 그야말로 행운이야. 그런 행운을 알지 못하고 놓치는 건 너무 안타까운 일이지. 공기나 물, 식구가 늘 곁에 있다고 해서 귀한 줄 모르는 것처럼 어리석은 일이야."

그때였어. 문소리가 들리더니 선물을 가득 든 아빠가 토루 마당으로 들어왔어.

"메이링, 아빠 왔다! 우아, 그동안 많이 컸네!"

아빠는 메이링을 번쩍 안아 들고 숨도 돌리지 않은 채 말했어.

"여보, 기쁜 소식이 있어요. 드디어 정부에서 허가가 났대요. 토루의 빈방을 여행객들이 묵어갈 숙소로 써도 좋다는 허가가 났어요! 그뿐 아니라 우리 토루와 옆집 토루를 수리할 수 있도록 정부에서 지원금도 준다고 해요."

"정말 잘됐어요! 그럼 이제 당신도 도시로 나가 살지 않아도 되는 거네요?"

"이게 모두 당신이 집에서 애쓴 덕분이에요. 메이링, 이제 우리 모두 함께 살게 됐단다. 네 친구들도 다시 돌아올 거야."

다음 날, 아빠 말처럼 사촌 언니 페이옌이 고향에서 일자리를 찾기로 했다는 소식과, 메이링 친구 샤오링네 식구도 조만간 마을로 돌아오기로 했다는 소식이 잇따라 들려왔어.

중추절 아침이 되었어. 마을 사람들은 공터에 기름 먹인 나무를 탑처럼 높이 쌓았어. 그리고 월병과 음식을 나누어 먹으며 즐거워했지. 반가운 소식도 끊이지 않았어.

"웨이홍네 식구가 돌아왔다며?"

"그 집뿐 아니라 샤오링네 식구도 돌아온다고 연락이 왔대."

"그동안 토루를 잘 가꿔서 다행이야. 덕분에 관광 사업도 할 수 있게 되었잖아."

"이제 보수 공사를 하느라 바쁘겠네. 관광객을 태우려면 새로 버스도 다닐 테고, 토루로 돌아오는 사람들이 많아지겠는걸!"

밤이 되자 마을 사람들이 모두 공터로 모였어. 아침에 쌓아 둔 나무 탑은 불이 붙어 활활 타올랐지. 마을을 환하게 밝힌 등불들도 무척이나 아름다웠어. 마을 사람들은 탑 둘레를 돌면서 서로 행복을 빌었어.

메이링은 엄마가 말하던 이야기가 무엇인지 이제야 알 듯했어. 토루를 버리고 도시로 나갔다면 이렇게 즐거운 중추절을 보낼 수 없었을 거야.

메이링도 엄마와 아빠 손을 잡고 나무 탑 둘레를 돌았어. 보름달 아래서 흥겹게 춤추는 사람들 웃음소리가 오래오래 울려 퍼졌어.

토루에 놀러 올래?

토루는 보통 3층에서
6층 정도 규모로 지어.
한 가구마다 세로로
같은 줄에 있는 방을 쓰지.

토루에는 문이
딱 하나야.

사당 바깥 둘레는
보통 도서관이나
손님방으로 지었어.

토루 한가운데에
사당을 모셨어.

공격과 방어에 유리하도록
낮은 층에는 **창문**을 내지 않고,
3층부터 창문을 달았어.
창문도 아주 작은 크기로 만들었어.

3층부터
침실이 있어.

2층은 곡식과
물건을 보관하는
창고로 쓰지.

학교는 토루 바깥에
짓기도 했어.

1층은 **부엌**과
식당이야.

마당에 **우물**이
여러 개 있어.

세계 문화 배경지식 쑥쑥!

중국의 전통 명절, 중추절

중추절은 춘절, 청명절, 단오절과 더불어 중국 4대 전통 명절 가운데 하나야.
중국 고대 왕들이 음력 8월 15일에 달에게 지내던 제사에서 비롯되었다고 해.
중추절이 되면 식구들이나 이웃들과 함께 음식을 먹으며 마음을 나눠.
우리가 추석 때 송편을 먹는 것처럼 중국 사람들은 중추절 때 둥근 보름달을
닮은 월병을 만들어 먹지. 또, 보름달을 보며 다 함께 소원을 빌기도 해.
중추절 무렵이 되면 투얼예라는 인형을 여기저기서 팔아. 토끼 머리에 사람
몸을 하고 있는 인형인데 달에 사는 옥토끼 설화를 바탕으로 만든 거야.

계투(械鬪)

중국은 여러 민족끼리 어울려 살다 보니 서로 다른 민족이나 마을끼리
다투기도 했어. 또 선주민과 이주민 사이에서 땅과 물을 놓고
싸우는 일이 벌어지곤 했지. 이를 계투라고 해.
계투가 벌어지면 여러 해 동안 싸우기도 했어. 적게는 수십 명에서
많게는 수만 명의 사상자가 나오는 큰 싸움으로 번지기도 했지.
계투에서 진 쪽은 싸움을 벌인 곳에서 순순히 떠나야 했어.

아마존 강의 공동 주택

아마존강 둘레에 사는 야노마미족은

밀림 속에서 여러 식구가 함께 모여 살아.

하카족처럼 샤보노라는 공동 주택을 짓고 살지.

샤보노는 가운데가 뻥 뚫려 있어서 커다란 도넛을 닮았어.

샤보노에서는 땅의 습한 기운을 피하기 위해

해먹을 기둥에 걸고 침대로 써.

또, 밤이면 기온이 급격히 떨어지는

밀림의 추위 때문에 한 식구당 모닥불 하나를 피우고 잠을 자.

아늑하고 따뜻한 통나무 집

이즈바

- ◎ 유럽 러시아 이르쿠츠크주
- ☀ 대륙성 기후
- ℃ 연평균 1℃
- 📖 러시아어
- ☆ 러시아정교, 가톨릭교, 이슬람교, 유대교

누가 살고 있을까?

잔나는 러시아 이르쿠츠크에 살아.

이르쿠츠크는 '시베리아의 파리'로 불릴 만큼 아름다운 도시야.

리스트뱐카에 사는 잔나의 할아버지는 이즈바라는 통나무집에서

살고 있어. 이즈바는 지역마다 다른 특색을 보이는데,

비교적 따듯한 남부 지역에서는 지붕을 짚으로 덮어.

집 크기는 조금 작은 편이지. 반면에 북부 지역 이즈바는

지붕을 나무로 덮고, 눈이 쌓이지 않게 경사를 가파르게 냈어.

그리고 지하실도 따로 만드는데,

겨울철에 먹을 식량을 저장하려는 거야.

러시아의 전통 집이 이즈바인 까닭은 질 좋은 통나무를

구하기 쉬워서 그래. 또 벽돌보다 나무로 집을 지었을 때

훨씬 더 따뜻하기 때문이야.

낡은 통나무집

"잔나! 엄마랑 아빠는 주말에 올게. 할아버지 말씀 잘 듣고 있어야 한다. 알았지?"

엄마와 아빠가 탄 승용차가 울먹이는 잔나를 남겨 둔 채 어둠 속으로 사라졌어.

"잔나, 이제 집으로 들어가야지?"

할아버지가 투박한 손으로 잔나의 작은 손을 잡고는 통나무집 안으로 들어섰어. 내내 훌쩍이는 잔나를 달랠 길이 없던 할아버지는 제풀에 지쳐 울음을 그칠 때까지 그저 지켜볼 뿐이었지.

잔나는 본디 이르쿠츠크라는 도시에서 살았어. 몸이 약하고 깡마른 잔나는 운동을 싫어했지. 집 밖에서든 안에서든 몸을 움직여 활동하는 일은 모두 귀찮아했어. 생물학자가 꿈인 잔나는 늘 방에 틀어박혀 《식물 도감》이나 《멸종 위기 동물》 같은 자연과 생물에 관한 책만 읽었지.

그런데 어느 날부터 잔나 건강에 이상이 생겼어. 갑자기 기침이 멈추지 않고 숨 쉬기 힘들 지경이 된 거야. 의사 선생님은 잔나의 병이 천식이며, 도시에서 지내는 건 잔나에게 좋지 않다고 말했어. 그래서 부모님은 잔나를 리스트뱐카에 있는 할아버지 댁에 보내기로 했지.

리스트뱐카는 앙가라강과 바이칼 호수가 맞닿는 곳에 길게 펼쳐진 작은 도시야. 통나무집이 많아서 정겨운 분위기가 나지. 또, 산으로 둘러싸인 데다 바이칼 호수와 가까이 있어서 풍경이 무척 아름다워.

"오늘부터 여기가 네 잠자리란다."

할아버지는 러시아 전통 난로인 페치 위쪽 평평한 곳에 잔나의 잠자리를 마련해 주었어. 페치의 온기 덕분에 이부자리가 따끈했지. 잔나는 이불을 뒤집어쓰고 생각했어.

'이 시골에서 나보고 뭘 하며 지내라는 거야. 건강에 좋지 않다고 책조차 주지 않고……. 어떻게 해야 다시 이르쿠츠크로 돌아갈 수 있을까?

잔나는 속상한 마음에 훌쩍이다 잠이 들었어.

숨겨진 보물

다음 날, 이미 해가 하늘 높이 떴지만 잔나는 잠자리에 누워 꼼

짝도 하지 않았어. 할아버지는 잔나가 걱정돼 한참을 바라보다가 아무 말 없이 집 밖으로 나갔지. 아무도 없는 통나무집은 무척이나 고요했어. 홀로 남겨진 잔나는 갑자기 무서운 생각이 들었어. 이불을 머리끝까지 덮어쓰고 숨도 작게 쉬었어.

포근한 늦봄의 바람이 불자, 오래된 이즈바 여기저기에서 소리가 나기 시작했어. 창문에서 통통 두드리는 소리가 났고, 천장과 바닥에서는 마치 누군가 몰래 다가오기라도 하듯 삐거덕거리는 소리가 났어.

잔뜩 겁이 난 잔나는 벌떡 일어나서 성상*을 놓아둔 페치 맞은편 구석으로 달려갔어. 그때 마침 할아버지가 문을 열고 들어왔어. 할아버지는 인자하게 웃으며 말했지.

"잔나! 일어났니? 배고프지? 이것 좀 먹어 보렴. 옆집 할머니한테 특별히 부탁해서 만든 메도빅*이란다."

잔나는 향긋하고 달콤한 메도빅을 보자 무서운 기분이 눈 녹듯 사라졌어.

'지금 굶는다고 이르쿠츠크로 갈 수 있는 것도 아닌데…… 그냥 먹어야지.'

잔나는 메도빅을 크게 한입 베어 먹었어. 입안 가득 달콤함이

* 성상: 그리스도나 성모 마리아, 성인의 모습을 그린 그림.
* 메도빅: 꿀과 크림을 층층이 쌓아 올린 러시아 꿀 케이크.

퍼지자, 뾰족한 마음이 살짝 누그러지는 듯
했어. 잔나는 메도빅뿐 아니라 할아버지가
만든 청어 샐러드까지 싹싹 다 먹어 치웠어.
　"잔나야 할아버지랑 바이칼 호수에 있는
알혼섬으로 놀러 갈래?"
　할아버지는 잔나를 위해 뭐라도 해 주고
싶은 것 같았어.
　"음, 좋아요."

웬일인지 잔나가 순순히 할아버지를 따라 밖으로 나섰어. 사실 잔나는 책에서 바이칼 호수에 관해 읽은 적이 있어. 세계에서 가장 깊고 오래된 호수라고 했지. 또, 크고 작은 섬들과 지구 민물의 오분의 일을 품을 만큼 큰 호수라고 했어.

무엇보다 다른 곳에서는 볼 수 없는 희귀한 동식물이 살고 있다는 이야기가 잔나 마음을 끌었어. 미래의 생물학자라면 꼭 가 봐야 한다고 생각했지.

할아버지는 잔나와 호숫가를 거닐며 눈에 띄는 들꽃 이름을 하나하나 일러 주었어. 이 꽃은 언제 피고 지는지, 어떤 특징을 가졌는지 자상하게 말해 주었지. 잔나는 꽃과 풀을 찬찬히 살피며 걸었어. 바람과 햇빛, 초록빛 풀들로 가득한 산책이 즐거웠어.

잔나는 커다란 바위 옆에 누워 있는 동물을 발견하고는 화들짝 놀랐어.

"할아버지! 혹시 저 동물이 네르파예요?"

"그래. 잔나는 네르파를 처음 보지? 멸종 위기라던 네르파가 이따금 눈에 띄는구나. 참 다행이야."

"와! 책에서 본 것과 똑같이 생겼어요. 저 꾸물거리는 것 좀 보세요. 귀여워라!"

네르파는 바이칼 호수에만 사는 민물 물개야. 잔나는 한참 동안 네르파의 행동과 모습을 관찰했지. 청록색으로 반짝이던 바이칼 호수는 어느덧 해가 기울어 황금색으로 일렁였어. 잔나는 네르파를 보느라 좀처럼 집으로 갈 생각을 하지 않았어.

"이제 그만 돌아가자꾸나. 다음에 오면 흰꼬리수리도 보고 바이칼 호수에만 사는 식물들도 알려 주마."

"정말이죠? 약속이에요!"

잔나는 눈을 빛내며 신나게 재잘거렸어. 어느새 할아버지와 가장 친한 친구가 되어 있었지. 이르쿠츠크로 돌아가고 싶다며 눈물짓던 아이는 온데간데없었어.

할아버지와 손을 잡고 걷던 잔나는 검푸르게 바뀐 호수를 봤어. 맵시 좋은 초승달과 은가루처럼 반짝이는 별들이 호수에 내려앉아 아름답게 일렁거렸어.

창문을 아름답게 만드는 까닭

이즈바는 러시아 농민들이 살던 전통 집이야. 약 9세기쯤부터 생겨난 이즈바는 14세기에 이르러 러시아 농촌의 대표적인 집으로 자리 잡았어. 보통 방 하나에 거실, 침실, 부엌 들이 같이 있는 모양이야. 지금은 시베리아에서부터 폴란드까지 널리 퍼져 있지. 시베리아에서는 돌보다 통나무를 쉽게 구할 수 있기도 하지만, 무엇보다 단열이 잘돼 따뜻하기 때문에 통나무로 집을 지은 거야.

이제 도시에선 이즈바를 보기 힘들어졌어. 나무로 지은 집이 화재에 약하다고 도시에서 금지되었기 때문이지. 하지만 이즈바와 벽난로인 페치를 빼놓고는 러시아의 전통 집을 말할 수 없어.

"이즈바를 지을 때는 쇠못을 쓰지 않는단다. 못을 박으면 집이 오래가지 않지. 또, 통나무 사이를 잘 마른 이끼로 채우면 집이 따듯하단다."

잔나는 식탁에 앉아 그림을 그리며 할아버지 이야기에 귀를 기울였어.

"통나무집은 향긋해서 아파트보다 훨씬 좋은 것 같아요. 그리고 페치가 있어서 아늑해요."

"그럼! 소나무나 전나무로 집을 지으면 아주 좋은 향기가 나지. 몸에도 좋단다. 페치는 이즈바에서 아주 중요해. 집 안을 따뜻하게 하고, 편히 잘 수 있는 잠자리가 되기도 하거든. 추운 겨울에는 온기가 남아 있는 커다란 페치를 임시 욕실로 쓰기도 했단다."

이즈바라는 이름도 페치 때문에 생긴 거야. 이즈바는 고대 러시아어로 '데워지는 것'을 뜻하거든. 벽돌이나 진흙으로 만든 페치는 집을 따뜻하게 하는 난로 역할도 하고, 음식을 만드는 오븐 역할도 해. 페치와 마주 보는 동쪽 구석에는 성상을 놓아두는 아름다운 구석이 있어.

"할아버지, 저는 이즈바의 예쁜 창문이 참 좋아요. 자꾸 눈길이 가요."

할아버지가 빙그레 웃으며 창문을 바라봤어.

"잔나도 나처럼 창문을 좋아하는구나. 우리 러시아 사람들이 창문을 예쁘게 만드는 데에는 다 까닭이 있어. 조상님이 자손의 집을 찾아올 때 창문 모양을 기억하고 찾아오거든. 그러니까 창문을 아주 예쁘게 만들어 놔야 잘 찾아오시겠지?"

"에이, 그런 게 어디 있어요?"

"하하, 정말이래도! 아주 오래전 유리가 없던 시절에는 벽에 작은 구멍을 내고 동물 가죽을 덮어 놓았지. 그때는 추위 때문에 창을 작게 낼 수밖에 없었거든. 그러다 나중에는 송진을 먹인 아마포를 창문으로 썼단다. 18세기 무렵부터 창문에 유리를 끼우고 집집마다 독특한 문양으로 창문틀을 꾸며서 멋을 냈지. 그리 오래되지 않았구나."

"아마포 창문이라니! 정말 멋질 것 같아요."

"내 생각도 그렇구나. 할아버지는 이제 집안일을 하러 가야겠다. 밤이 깊었으니 너도 얼른 자려무나."

할아버지는 잠자리를 살펴주고 자리에서 일어났어.

아쉬운 이별

잔나는 할아버지와 함께 자주 호숫가로 나가서 풀과 나무, 동물들을 관찰했어. 도시에서와 달리 여기저기 활기차게 다니는 바람에 늘 배가 고팠지. 창백하기만 하던 잔나 얼굴에 서서히 분홍빛이 감돌기 시작했어. 주말마다 찾아오는 부모님도 차츰 건강해지는 잔나를 보며 무척 기뻐했어.

어느덧 봄과 여름이 지나고 늦가을이 되었어. 주말이 되어 한자리에 모인 식구들은 추운 겨울을 나기 위해 이즈바를 손보기로 했지.

"문턱이 썩어서 나무를 새로 갈아야겠어요. 지하실 문과 맨 오른쪽 창틀도 손봐야겠어요."

"그래, 서둘러야겠다. 페치 굴뚝은 내가 청소하마."

"예, 손보는 김에 침상도 살펴볼게요."

아빠와 할아버지가 손도끼로 나무를 다듬으며 말했어.

이즈바를 손볼 때 쓰는 나무는 톱으로 자르지 않아. 톱을 쓰면 나뭇결이 벌어져 쉽게 썩거든. 그래서 톱 대신에 손도끼를 써서 잘라. 아빠는 정성껏 문턱을 고쳤어. 썩은 부분을 덜어내고 새 나무로 갈아 끼웠지.

러시아 사람들에게 문턱과 문설주는 신성한 곳이야. 그래서 러시아 사람들은 문턱을 사이에 두고 물건을 주고받거나 악수를 하지 않아. 또 문턱이 높아야 역병을 막아 준다고 생각했기 때문에 이즈바의 문턱은 조금 높아. 그리고 문간에서 집 안을 들여다보는 행동도 하지 않지.

일을 마친 식구들이 식탁에 둘러앉아 감사 기도를 했어. 성상을 놓아둔 아름다운 구석 아래에 있는 의자는 집안에서 가장 어른인 할아버지 자리야. 할아버지가 식사를 시작해야 다른 식구들도 먹을 수 있어.

"잔나가 천식도 낫고 몰라보게 건강해졌어요."

"그래도 늘 조심하거라. 이르쿠츠크로 돌아가서 지내다 보면 다시 아플지도 모르니까."

"할아버지! 저는 주말마다 여기에 올 거예요."

잔나가 끼어들며 말했어.

"녀석, 할아버지 보려고 오는 게 아니라, 네르파 보려고 오는 거다 안다."

"에이, 아니에요. 이제 할아버지랑 이즈바랑 정이 들어서 정말 떠나기 싫은걸요."

잔나는 할아버지 집을 정말로 떠나기 싫었어. 창문과 지붕이 삐거덕대는 소리도 정겨웠고, 따스한 페치와 통나무 냄새도 좋았어. 무엇보다 풀과 나무, 네르파와 흰꼬리수리 들을 실컷 볼 수 있는 호숫가를 떠나야 해서 아쉬웠지.

"할아버지, 고마워요. 저는 꼭 생물학자가 될 거예요. 할아버지가 제게 보여 주고 가르쳐 준 것들을 평생 잊을 수 없을 거예요. 주말마다 잊지 않고 여기로 올게요."

잔나가 아쉬운 눈빛으로 할아버지에게 속삭였고, 할아버지는 빙그레 웃으며 잔나를 꼭 안아 주었어.

이즈바에 놀러 올래?

북부 지역에서는 이즈바를 2층 구조로 짓기도 해.
그에 비해 남부 지역 이즈바는 크기가 작고
심한 일교차를 대비해 벽에 진흙을 발랐어.

지붕은 지역에 따라 나무나
짚으로 덮어. 겨울에 눈이 쌓여
무너지지 않도록
경사를 가파르게 내.

통나무에 홈을 파고
차곡차곡 끼워 맞추며
벽을 쌓아 올려.

페치 맞은편에 성상을 두는
아름다운 구석을 마련해.

바닥 아래 식량을 저장하는
창고를 마련하기도 해.

러시아 문화에서 말은 용기와 보호를 상징해. 그래서 말 머리 장식을 지붕에 달면 집을 지키고 나쁜 기운을 막아 준다고 여겼지.

따뜻한 페치 위를 침상으로 써. 페치 뒤쪽에 다른 방을 두거나 러시아 전통 사우나인 바냐를 만들기도 했어.

입구는 집의 옆이나 뒤쪽에 만들어. 길과 마주 보게 만들지 않아.

집마다 창문을 아름답게 꾸며.

세계 문화 배경지식 쑥쑥!

시베리아의 파리, 이르쿠츠크

이르쿠츠크는 바이칼 호수 둘레에 있는 도시야.

역사적으로 러시아와 중국, 몽골을 잇는 중요한 교역로 역할을 했지.

그러던 19세기, 혁명을 일으켰다가 시베리아로 유배된 청년 장교, 예술가,

귀족 들이 이르쿠츠크에 정착했어. 이 사람들을 데카브리스트라고 불렀는데,

그들은 도시와 문화 발전에 큰 영향을 끼쳤고 아름다운 목조 건축물도 남겼어.

덕분에 이르쿠츠크는 동부 시베리아의 중심 도시로 거듭나게 되었어.

이르쿠츠크의 아름다운 건물들

발콘스키의 집은 데카브리스트였던 발콘스키 공작과 그의 부인이 살던

목조 주택이야. 공작 부인은 이곳에서 낭독회, 음악회, 연극 등을 열었어.

지금은 박물관으로 꾸며서 당시 모습을 그대로 재현해 놓았지.

덕분에 이르쿠츠크를 '시베리아의 파리'로 이끈 사람들 이야기를

살펴볼 수 있어. 또, 카잔 교회는 붉은색 벽돌과 푸른 지붕이 어우러져

아름답기로 이름났어.

발콘스키의 집

카잔 교회

추운 지방의 또 다른 통나무 집

추운 지방에서는 통나무로 집을 지어.

쭉쭉 뻗은 침엽수를 쉽게 구할 수 있고,

나무로 집을 지으면 집 안 온기를 잘 지킬 수 있거든.

그래서 스위스 알프스에 사는 사람들도 샬레라고 하는

3층으로 된 통나무집을 짓고 살지.

샬레는 보통 산기슭에 짓기 때문에 집터가 비탈졌어.

그래서 1층을 뒤쪽에서 보면 지하가 되도록 짓고 창고로 써.

2층은 거실과 부엌으로 쓰고, 3층은 침실로 쓰지.

또 지붕을 집보다 크고 넓게 만들어서,

강한 산바람과 눈보라에도 잘 견딜 수 있어.

밀림 속 기다란 집

롱하우스

- 📍 동남아시아 말레이시아 보르네오섬 사라왁주
- ☀️ 열대 우림 기후
- ℃ 연평균 27℃
- 📖 이반어, 말레이어, 영어
- ☆ 기독교, 이슬람교, 민간 신앙

누가 살고 있을까?

사카이는 말레이시아 보르네오섬 사라왁주의 밀림에 사는
이반족 소년이야. 이반족은 주로 라장강 줄기에 자리 잡고 살아.
본디 전쟁 때 죽인 적의 목을 베어 오는 풍습이 있었지만,
19세기에 정부에서 그 풍습을 금지했기 때문에 지금은 사라졌어.
말레이시아 사라왁 민속촌에 가면 이반족 추장 방 앞에
해골들이 매달려 있는 걸 볼 수 있지.
이반족은 오랜 세월 동안 밀림에서 식구들끼리 지내며
먹을 것과 생활에 필요한 물건들을 구하며 살았어.
그래서 식구 수가 많을수록 농사짓거나 사냥할 때 수월했지.
또 적과 싸울 때도 유리했어. 이런 까닭으로 집을
자꾸만 길게 이어 붙이며 여러 세대가 한데 모여 살게 되었어.
롱하우스라는 길고 특색 있는 이반족 집은 이렇게 생겨났어.

밀림에 있는 고향으로

쿠칭에 있는 기숙 학교에 다니는 사카이는 축제가 다가올수록 마음이 무거웠어. 밀림 속에 있는 고향 집으로 돌아가야 했기 때문이지.

'집에 가면 사람들이 나보고 엄마만 찾는 겁쟁이라고 놀릴 텐데…… 엄마가 보고 싶긴 하지만 위험한 밀림은 정말 싫어.'

사카이는 어릴 때부터 몸이 약해서 친척들과 어울리는 게 힘들었어. 사카이의 약한 모습을 친척들은 겁쟁이라고 놀리곤 했지. 이와 달리 사카이의 형인 리가이는 씩씩하고 믿음직스러웠어. 리가이는 기숙 학교를 수석으로 졸업한 뒤, 쿠칭에 있는 회사에 다니고 있어. 사카이는 뭐든지 잘하는 형이 자랑스러우면서도 샘났어.

사카이는 형과 함께 고향 집으로 내려갔어. 고향 집으로 가는 길은 멀고도 험해. 먼저 쿠칭에서 시부로 간 다음, 구불구불한

라장강을 따라 세 시간 가까이 배를 타야 하지.

마침내 사카이는 힘들게 집에 도착했어. 온 마을이
북적북적했지. 마을 사람 모두 보르네오섬 부족
들의 추수 감사 축제인 가와이 다약을 준비하느
라 정신이 없었어.

100여 명이 넘는 마을 사람들은 모두 사카이
의 할머니, 고모, 이모, 삼촌, 사촌 같은 친족들
이야. 이반족은 엄청나게 기다란 집에서 가까운
친족 여러 가구가 한데 모여 살거든.

"리가이! 올해도 튼실한 닭을 잘 골라 왔구나! 우리 리가이는 뭐든지 척척 잘한다니까! 회사 일은 좀 어떠니?"

이반족은 닭이 액운을 물리친다고 생각하기 때문에 명절날 집에 올 때는 꼭 닭을 사서 가져오는 풍습이 있어. 사카이는 오랜만에 집에 돌아왔지만 마음이 상했어. 아버지와 어머니뿐 아니라 친척들까지 모두 형만 반가워하는 것 같았거든.

'흥, 나는 언제나 뒷전이지. 다들 너무해!'

사카이는 환하게 웃고 있는 형을 슬쩍 째려봤어.

다음 날 아침, 사카이는 형을 깨우는 아버지 목소리에 덩달아 잠에서 깼어.

"마을 남자들이 축제 준비를 하려고 사냥을 가기로 했단다. 너도 어서 준비하렴."

아버지는 형에게만 사냥을 가자고 했어. 사카이는 다행이다 싶으면서도 한편으로는 서운한 마음이 들었어.

용맹한 전사의 후예

"우리 조상들은 아주 용맹했어. 이반족이라는 말만 들어도 다른 부족들이 두려움에 떨었지. 이반족 손가락에 있는 줄 문신은 전쟁에서 적을 무찌른 용감한 사람이라는 표시란다."

"저도 돌아가신 할아버지 손가락에 있던 문신을 기억해요."

아버지와 형은 바람총인 순빗을 손질하며 이런저런 이야기를 나눴어. 이반족은 순빗을 가지고 사냥했어. 이꾸 나무와 독버섯에서 독을 모으고, 사냥감에 따라 독침에 바르는 독의 양을 조절했지. 이반족 남자라면 누구나 순빗의 명사수라고 할 수 있어.

그 모습을 물끄러미 보던 사카이가 아버지한테 다가가 말했어.

"아버지, 저도 사냥에 따라갈래요."

"넌 아직 어리잖니. 사냥터는 위험해."

아버지가 고개를 저었어. 그래도 사카이는 고집을 꺾지 않았어.

"저도 사카이 나이 때 처음 사냥을 나갔던 것 같아요. 제가 잘 돌볼 테니 같이 가게 해 주세요. 사카이도 이반족 남자잖아요."

형이 사카이 편을 들어 주었어. 아버지는 마지못해 허락했지.

사카이는 형 덕분에 사냥에 따라갈 수 있게 되었지만, 이상하게 더 심술이 났어. 사카이는 형이 들고 있는 순빗조차 탐이 났어.

"형! 나도 순빗으로 사냥할래."

"그럴래? 그럼 독침을 만들어야 해. 넌 아직 혼자 만들기 위험

하니까 이번에는 형이 만들어 줄게. 잘 보고 기억해 둬."

형은 이꾸 나무에서 독을 모은 뒤, 대나무로 만든 침에 천천히 독을 발랐어. 형은 독침을 만들면서 사카이에게 이것저것 자상하게 알려 줬어.

"밀림에서 먹을 것이 없을 때는 타피오카 잎을 먹으면 돼. 아! 죽순도 먹어도 되는데 꼭 익혀서 먹어야 해. 그러지 않으면 맛도 없고 배탈이 나거든."

사카이는 또다시 심통이 났어. 형이 잘난 척하는 것 같았거든. 사카이는 형 말고 아버지가 직접 가르쳐 주면 좋겠다고 생각했어. 아버지가 형을 가르쳤던 것처럼 말이야.

드디어 마을 남자들이 사냥에 나섰어. 후추밭과 고무나무 농장을 지나서 깊은 밀림으로 들어섰어. 사람들이 줄지어 지나가자 코뿔새가 울어 댔어. 이반족 사람들은 코뿔새를 하늘 나라의 뜻을 땅에 전달하는 신성한 동물이라고 믿어.

"사카이랑 같이 가니까 정말 좋네! 위험하니까 형 옆에 꼭 붙어 있어. 알았지?"

'왜 저렇게 잘난 척하는 거야? 오늘은 기필코 형보다 더 많이 사냥해서 내가 더 뛰어나다는 걸 보여 주고 말겠어!'

그때였어. 앞서가던 아버지가 갑자기 멈춰 섰어. 그러더니 손짓으로 뒷사람에게 신호를 보냈어. 사냥꾼들이 모두 몸을 숙였지. 아버지가 가리키는 쪽에서 무언가 슬쩍슬쩍 움직였어. 형은 그쪽을 보더니 사카이에게 몸짓으로 멧돼지라고 알려 줬어. 모두 순빗을 쏘기 적당한 곳으로 천천히 움직였어.

사카이도 순빗을 입에 대고 멧돼지를 조준했어. 모두가 숨죽이던 순간, 아버지가 힘차게 손짓했어. 마을 사람 모두 순빗을 불었어. 사카이도 훅, 바람을 세게 불어서 독침을 쏘았지. 멧돼지가 풀썩 소리를 내며 힘없이 쓰러졌어.

그때 사카이가 느닷없이 비명을 내질렀어. 뒷걸음질 치다가 뱀한테 발목을 물린 거야. 형이 부리나케 사카이한테 달려갔어.

"사카이! 괜찮아? 다행히 독사는 아니네."

형은 사카이 발목을 잡고 능숙하게 응급 처치를 했어. 사카이는 자기를 진심으로 걱정하고 돌봐 주는 형의 모습을 보자 부끄럽고 미안한 마음이 들었어.

거친 밀림에서 살아남기 위해

이반족은 지금으로부터 300여 년 전, 인도네시아 칼리만탄바랏의 카푸아스강 중류에서 강과 계곡을 따라 사라왁주로 이주해 온 것으로 보여. 강줄기를 따라 밀림 속에 터를 잡은 이반족은 **화전**을 일구며 살았어. 그래서 15년에서 20년마다 새로 농사지을 곳을 찾아 옮겨 다녔어. 오늘날에는 고무나무나 후추를 재배하며 한곳에 정착해서 살고 있지.

이반족은 사라왁주로 삶의 터전을 옮기며 여러 부족과 전쟁을 치렀어. 그 까닭인지 몰라도 이반족에게는 무섭고도 특이한 풍습이 있었지. 바로 전쟁에서 적을 죽이면 머리를 베어 와서 집 천장에 걸어 놓는 풍습이야. 그 아래에 화로를 두고 불을 피웠기 때문에, 이반족의 집 기다란 복도에는 늘 화롯불이 타고 있었어.

옛날 이반족 남자는 적의 목을 한 번이라도 베어 본 적 있어야 혼인할 수 있었어. 적의 목을 벤다는 것은 이반족에게 용맹함의 상징이었거든. 또 문신하는 걸 좋아해서, 전쟁에 나서기 전에 몸에다 문신을 했어. 전쟁에 승리하고 돌아와서는 전쟁터에서 베어 온 적의 머릿수만큼 손가락에 줄을 새겼지.

이반족은 집이 기다랗기로도 이름났어. 어떤 집은 너무 길어서 끝이 보이지 않을 정도야. 그렇다고 처음부터 집을 길게 짓는 것은 아니야. 이반족은 거친 밀림에서 살아남기 위해 친족끼리 모여 살았지. 그래서 식구 가운데 누군가 결혼하면 따로 나가 살지 않고, 살던 집에 새집을 이어 붙였어. 그렇게 세대가 늘어날 때마다 집도 한 칸씩 더해지면서 롱하우스가 생겨난 거야.

즐거운 축제, 가와이 다약

사냥으로 잡은 멧돼지는 워낙 큰 녀석이라 손질한 고기를 여러 명이 나누어 들었는데도 무게가 엄청났어. 신이 난 일행은 집으로 돌아오는 길에 우렁이와 물고기도 잔뜩 잡았어. 이만하면 축제 때 쓸 음식 재료는 충분하게 마련했지.

아버지와 형은 다친 사카이를 번갈아 업으며 집으로 돌아왔어. 사카이가 다쳤다는 이야기를 듣자 어머니와 친척들은 한목소리로 걱정했어.

"아버지, 죄송해요. 위험해서 사냥에 데려가지 않겠다고 하셨는데……"

"괜찮다. 중요한 건 네가 용기를 냈다는 거야."

사카이는 꾸중을 들을 줄 알았는데 아버지는 오히려 따뜻하게 달래 주었어. 형은 사카이 발목에 약초를 붙여 주느라 열심이었지. 형을 바라보던 사카이가 모깃소리만큼 작은 목소리로 말했어.

"형, 미안해. 사실 형을 보면 샘이 났어. 나도 형처럼 훌륭한 이반족 전사가 되고 싶거든. 그런데 뜻대로 되지 않고, 식구들도 모두 형만 좋아하는 것 같아서 심술을 부렸어."

"녀석, 괜찮아!"

형은 씩 웃으며 사카이를 토닥여 줬어. 그러고는 훌륭한 전사는 사냥만 잘한다고 되는 것이 아니라고 했지.

축제 전날이 되었어. 마을 사람들 모두 전통 옷을 차려입고 기다란 복도로 모였어. 조상님들께 무사히 추수할 수 있도록 돌봐 주어 고맙다는 인사를 올리고 정성껏 준비한 음식을 함께 먹었지. 어른들은 쌀로 빚은 전통주 투악도 마셨어. 또 악기를 연주하며 흥겹게 춤도 추었어.

어느덧 자정이 되고 6월 1일을 알리는 징이 울리자, 마을 사람들은 서로 축복하는 말을 주고받았어.

"건강하게 오래오래 사세요!"

"복 많이 받으세요!"

드디어 가와이 다약 축제 날이 된 거야. 분위기가 무르익자 족장인 아버지는 칼과 방패를 들고 복도 한가운데로 나섰어. 이윽고 음악이 바뀌고 응아자트 춤이 시작되었지. 응아자트 춤은 밀림에서 조심스럽게 적을 쫓는 모습을 표현한 춤이야.

"저 칼은 증조할아버지가 젊었을 때 지금 방문 앞에 걸린 머리를 자른 칼이래."

"그럼 저 방패에 붙은 머리카락도?"

형은 대답 대신 의미심장한 웃음을 지었어.

춤을 춘 아버지는 마을 사람들에게 말했어.

"이번 축제를 준비하며 이반족의 용맹함을 다시 한번 되새길 수 있었습니다."

아버지는 잠시 말을 멈추더니 사카이를 부드럽게 바라보았어.

"진정한 전사는 용맹함과 더불어 마음을 다스리는 지혜 또한 갖춰야 합니다. 가슴속에 용맹과 지혜를 단단히 새긴

다면, 그 어떤 역경도 이겨 낼 수 있습니다. 우리 이반족은 용감하게 밀림을 누비던 전사였습니다. 그 사실을 늘 잊지 말아야 합니다."

아버지 말을 들은 사카이는 가슴이 뭉클했지. 아버지는 마지막으로 모두의 건강과 축복을 기원하며 잔을 들어 올렸어.

'아버지와 형처럼 나도 지혜롭고 훌륭한 전사가 될 테야.'

사카이도 아버지를 따라 잔을 높이 들며 굳게 다짐했어. 다음 축제 때는 활짝 웃으며 집으로 돌아올 것 같았어.

롱하우스에 놀러 올래?

이반족은 자기들 집을
루마 판자이라고 불러.

집 길이가 무려
200미터나
되는 집도 있어.

바닥은 대나무나 판재를 써서 마루처럼 깔아.
나무 바닥은 삐거덕대는 소리가 나서
침입자가 들어오면 금방 알 수 있어.

복도를 따라 **문**이 여러 개 있는데
각각 다른 집으로 들어가는 문이야.
가장 가운데에 있는 문은
족장의 집으로 들어가는 문이지.

집 안에는 긴 **복도**가 있어.
복도는 마을 사람들이
다 같이 쓰는 **거실**이자
식당, 회의실, 마당이야.

밀림의 습기를 피하기 위해,
땅에서부터 3미터쯤 띄워서 집을 지어.
잘 썩지 않는 **울린**이라는 나무로
땅에 기둥을 세우고, 그 기둥 위에
원두막처럼 집을 짓지. 이렇게 땅에서
띄워 짓는 집을 **고상 가옥**이라고 해.

세계 문화 배경지식 쑥쑥!

신의 축복을 받는 축제, 가와이 다약

가와이 다약은 보르네오섬 사라왁주에서 해마다
6월 첫째 날에 열리는 추수 감사 축제야. '가와이'는 축제를,
'다약'은 이반족을 비롯해 사라왁주에 사는 여러 부족을 두루 일컫는 말이야.
이반족은 모든 자연에 영혼이 깃들어 있다고 믿었어.
그래서 추수를 무사히 마친 것에 대한 고마움과, 새로 시작하는 농사의 풍년을
기원하며 축제를 열었지. 이 축제에 함께하거나 축제 근처를 잠깐 지나치기만 해도
신의 축복을 받는다고 믿어서, 해마다 사람들이 많이 모인다고 해.

이반족의 방패

이반족이 전쟁 때 들고 다녔던 방패야.
앞면과 뒷면에 수호신을 그렸어.
또, 베어 온 머릿수만큼 머리카락을 붙였지.

푸아 쿰부

푸아 쿰부는 이반족이 짜는 전통 직물이야.
이반족의 중요한 축제와 의식에 쓰여.
천을 짜는 직공은 꿈속에서 직물 무늬에 대한
영감을 얻는다고 해.
수백 년 동안 이어진 소중한 유산이야.

기차처럼 기다란 집

베트남은 54개 민족이 어울려 사는 다민족 국가야.
베트남 소수 민족인 에데족도 기다란 집을 짓고 살지.
이반족처럼 땅에 기둥을 세워 그 위에 집을 짓고,
자손이 결혼하면 집을 한 칸씩 더 이어 붙여.
그리고 용, 코끼리, 거북, 물고기, 게처럼
여러 동물 무늬를 새겨서 집을 꾸며.

용감한 전사들의 집
마냐타

- 📍 아프리카 케냐 마사이마라
- ☀️ 사바나 기후
- ℃ 연평균 17.5℃
- 📖 마사이어, 스와힐리어, 영어

누가 살고 있을까?

모싸르는 아프리카 케냐에 살아.

사자도 두려워하는 마사이족 전사지.

마사이족은 대대로 초원을 누비며 유목 생활을 했어.

가축들을 먹일 풀을 찾아서 부족의 땅을 두루 옮겨 다니지.

이처럼 한곳에 오래 머물지 않기 때문에

마사이족은 커다랗고 튼튼한 집이 필요하지 않아.

대신 쉽게 구할 수 있는 재료인 나뭇가지와

소똥을 써서 마냐타라는 집을 짓고 살지.

용감한 전사

창을 든 청년 셋이 뙤약볕이 내리쬐는 초원을 걷고 있어. 땋은 머리에 붉은 옷을 입은 걸 보니 마사이족 전사야.

모싸르와 친구들은 마사이족의 진정한 전사가 되기 위해 오래전 고향을 떠났어. 성인식을 함께 치른 뒤부터 지금까지 거의 모든 생활을 같이했지. 같은 날 할례를 받았고, 전사 합숙소에서 함께 교육을 받았어. 그리고 케냐와 탄자니아를 넘나들며 마사이족 영토를 두루 여행했지. 야생에서 살아가는 법을 스스로 터득하는 일은 전사가 되기 위해서 반드시 거쳐야 하는 과정이야.

집을 떠난 뒤, 세 사람이 겪은 고생은 이루 다 말할 수 없을 정도야. 직접 사냥해서 먹을거리를 구해야 했고 초원에서 새벽이슬을 맞으며 잠을 잤어. 처음에는 작은 동물밖에 잡을 수 없었던 어린 전사들은 시간이 흐를수록 차츰 사납고 덩치가 큰 동물도 거침없이 잡을 수 있게 되었지.

사냥 실력에 자신감이 붙은 모싸르와 친구들은 악어 사냥을 즐겼어. 세 사람 모두 구운 악어 고기를 좋아했거든. 어느 날엔 무심코 강을 건너다 커다란 악어를 뒤늦게 발견하고 꽁지 빠지게 도망친 적도 있었어.

"어제는 암사자가 달려들더니 오늘은 하이에나를 만났네."

"휴, 초원은 역시 전사들에게도 위험한 곳이야."

"그래도 우리는 운이 좋은 거야. 운 나쁘게 전갈을 밟은 사람도 한둘이 아니잖아."

초원에서는 사자 같은 맹수만 위험한 게 아니야. 코브라나 전갈처럼 독이 있는 동물들도 조심해야 해. 자칫 잘못해서 물리거나 쏘이기라도 하면 목숨이 위험하거든.

초원에서 훈련을 마친 모싸르와 친구들은 이제 고향으로 돌아가는 길이야. 집을 떠날 때는 막막하고 아득하기만 했는데, 초원에서 온갖 고생을 하며 떠돌다 보니 어느덧 8년이란 세월이 꿈처럼 지나갔어.

약속을 어긴 하늘 나라 아이들

마사이족 전설에 따르면 옛날에 마사이족은 하늘 나라에서 살았대. 그들의 아버지는 **은가이**라는 이름으로 불리는 위대한 신이었지.

어느 날 하늘 나라에서 살던 아이들은 지상 세계가 궁금해졌어. 호기심을 참지 못한 아이들은 신에게 땅으로 내려가게 해 달라고 졸랐어. 신은 땅으로 내려가는 것을 허락하며 한 가지 당부를 했어.

"너희와 함께 소와 양을 땅으로 내려보내겠다. 너희는 지상에 내려가 다른 동물을 죽이거나 잡아먹어서는 안 된다. 동물의 고기 대신 같이 내려간 소와 양의 젖만 먹고 살아야 한다. 이 말을 어기면 큰 벌을 받게 될 줄 알거라!"

아이들은 굳게 약속했어. 그러고는 신이 매어 준 밧줄을 타고 땅으로 내려갔어. 그런데 얼마 뒤, 배가 고파진 아이들은 신과 약속한 걸 까맣게 잊고 그만 사슴 한 마리를 잡아먹고 말았어. 하늘 나라에서 아이들을 지켜보던 은가이 신은 크게

화를 냈지. 하늘로 올라갈 수 있는 밧줄도 잘라 버렸어.

"감히 내 말을 거역하다니! 다시는 하늘 나라로 돌아올 수 없는 벌을 내리겠다."

아이들은 잘못했다고 용서를 구했지만 화가 머리끝까지 난 신은 쉽게 용서해 주지 않았어.

"너희들이 잘못했지만 그래도 나의 아이들이니 한 번 더 기회를 주겠노라. 함께 내려간 소와 양을 열심히 길러서 내가 만족할 만큼 수를 늘려라. 그때가 오면 너희를 다시 부르리라."

이 전설 때문에 마사이족은 소와 양을 잘 기르는 게 하늘 나라로 돌아갈 수 있는 마지막 기회라고 믿게 되었어. 그래서 소와 양을 귀하게 여겼고, 나아가 이 세상 모든 소와 양은 마사이족의 것이라고 생각했지.

한데 이 생각 때문에 마사이족은 주변 다른 부족과 자주 다퉈야만 했어. 마사이족이 다른 부족의 소까지 빼앗으려 했거든. 소는 다른 부족한테도 여러모로 중요한 가축이어서 서로 싸움이 났지.

머리에 사자 갈기로 만든 고깔을 쓰거나 타조 깃털로 화려한 장식을 한 마사이족 전사는 다른 부족의 소를 빼앗은 용감한 전사라는 뜻이야.

소똥으로 지은 집

모싸르가 오랜 초원 생활을 무사히 마치고 돌아오자 온 식구가 반가워했어.

"모싸르! 드디어 돌아왔구나. 이제 전사가 되었네!"

"어서 와라. 무사히 돌아와서 다행이다."

늠름해진 모싸르 모습에 모두 감탄했어.

그동안 식구들에게도 변화가 있었어. 어머니와 작은어머니가 동생들을 낳아 식구 수가 많이 늘었지.

모싸르가 고향을 떠나기 전에는 아늑한 마냐타에서 어머니와 함께 살았어. 그런데 이젠 어린 동생들이 생겨서 편안하던 마냐 타가 비좁을 것 같았어.

"네가 돌아올 것 같아서, 얼마 전부터 새집을 짓고 있었단다."

마침 어머니도 모싸르와 같은 생각을 하고 있었어.

마사이 부족 사회에서 집 짓는 일은 여자들이 도맡아서 해. 그래서 여자들이 집을 짓고 있어도 남자들은 절대로 거들지 않아.

마냐타를 지을 때는 먼저 나뭇가지와 갈대를 땅에 꽂아서 튼튼하게 뼈대를 만들어. 둥근 타원형 모양으로 뼈대가 완성되면 그 위에 진흙과 소똥을 섞어 만든 반죽을 바르면 돼.

소똥을 집 짓는 재료로 쓴다고 너무 놀라지 마. 무척 훌륭한 재료거든. 아프리카 초원은 밤이 되면 추워져. 그러나 소똥으로 벽과 지붕을 바르면 집 안 공기가 쉽게 식지 않아서 따뜻해. 또, 진흙과 섞인 소똥은 바짝 마르고 나면 그다지 냄새도 나지 않아.

"꼼꼼하게 잘 발라야 한다. 특히 지붕은 신경 써서 발라야 해."

어머니가 솜씨 좋게 세운 뼈대에 진흙과 소똥을 잘 섞은 반죽을 골고루 펴 발랐어.

"나중에 뜯어서 땔감으로 쓸 건데 대충 바르면 안 돼요?"

여동생이 반죽을 들어올리며 뽀로통하게 말했지.

"그거야 오래돼서 갈라진 벽을 다시 바르려고 뜯어내는 거잖니.
꼼꼼하게 바르렴. 무엇보다 지붕에 소똥을 잘 발라야 비가 새지
않아. 소똥 기름기가 빗물이 스며들지 않도록 막아 주거든."

두 사람 손이 쓱쓱 지나가자 새 마냐타가 서서히 모습을 드러냈
어. 이처럼 마사이족한테는 소뿐만 아니라 소똥도 귀한 재산이야.
소똥은 마사이족이 생활하는 데 꼭 필요하거든. 집 짓는 데도 쓰

고, 바짝 말려서 땔감으로 쓰기도 하지. 게다가 마사이족은 상처가 났을 때 소똥이나 소의 오줌을 바르면 치료가 된다고 생각해.

사자와의 숨막히는 결투

어머니와 여동생이 마저 집을 짓느라 바쁜 사이, 모싸르한테도 일이 생겼어. 소들을 데리고 풀을 먹이러 나갔는데 난데없이 나타난 사자가 모싸르네 송아지 한 마리를 물어 죽이고 달아났지 뭐야.

푸짐한 식사를 하려던 사자는 사람들이 소리치며 뒤쫓아 가자 먹이를 버리고 줄행랑을 쳤어. 멀지 않은 곳에서 소를 치던 이웃 마을 사람들이 그 모습을 보고 달려왔지.

"자네도 당했구먼! 저놈의 사자가 우리 마을 소를 몇 마리나 잡 아먹었는지 모른다네."

"그렇군요. 미미야스! 사핏! 우리가 저 사자를 잡자."

모싸르가 용감히 외쳤어. 세 전사는 창과 방패를 들고 사자가 도망친 쪽으로 빠르게 쫓아갔어. 얼마 가지 않아 사자가 보였어. 그새 사자는 얼룩말을 잡아먹고는 수풀 속에 느긋이 앉아 앞발을

핥고 있었지.

　모싸르와 친구들은 서로 눈짓을 하고 천천히 움직

였어. 모싸르가 사자 눈길을 끄는 사이, 미미야스와 사핏이

사자 뒤쪽에서 공격하기로 했지.

　"으르릉."

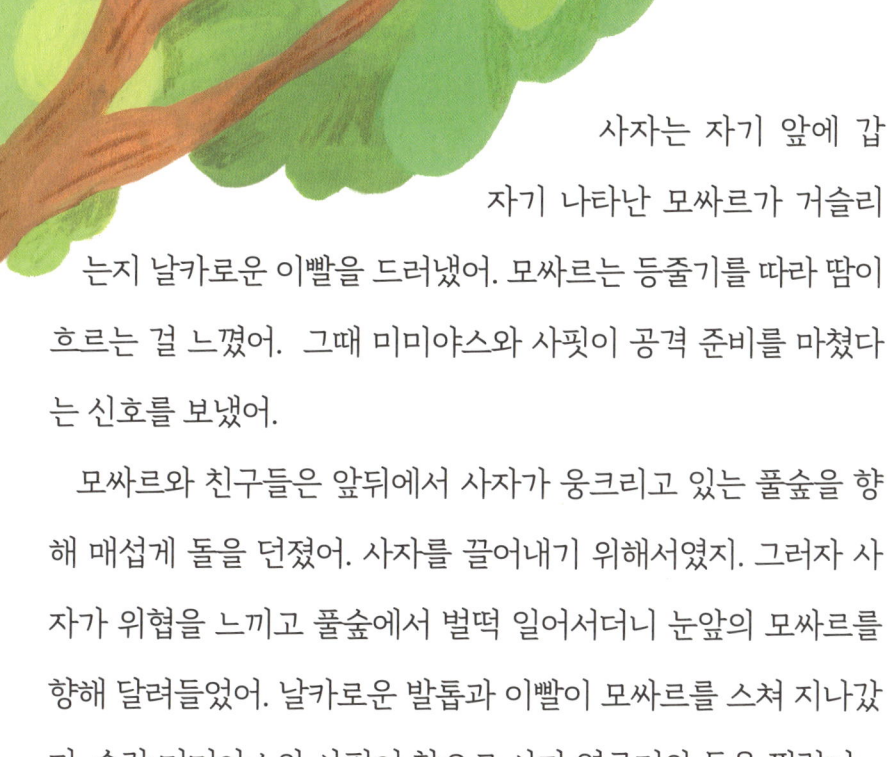

사자는 자기 앞에 갑자기 나타난 모싸르가 거슬리는지 날카로운 이빨을 드러냈어. 모싸르는 등줄기를 따라 땀이 흐르는 걸 느꼈어. 그때 미미야스와 사핏이 공격 준비를 마쳤다는 신호를 보냈어.

모싸르와 친구들은 앞뒤에서 사자가 웅크리고 있는 풀숲을 향해 매섭게 돌을 던졌어. 사자를 끌어내기 위해서였지. 그러자 사자가 위협을 느끼고 풀숲에서 벌떡 일어서더니 눈앞의 모싸르를 향해 달려들었어. 날카로운 발톱과 이빨이 모싸르를 스쳐 지나갔지. 순간 미미야스와 사핏이 창으로 사자 옆구리와 등을 찔렀어.

"크아아앙!"

사자는 크게 울부짖더니 초원으로 달아났어. 모싸르와 친구들이 뒤를 쫓으려 했지만 사자가 워낙 빨리 달아나서 쫓아갈 수 없었지.

"숨통을 끊었어야 했는데."

"그래도 크게 혼쭐이 났으니, 앞으로 이곳엔 얼씬도 못할 거야."

모싸르와 미미야스가 아쉬운 듯 이야기를 주고받았어.

멀리서 지켜보던 마을 사람들은 기뻐하며 크게 소리쳤어. 사자를 훌륭하게 쫓아낸 어린 전사들이 늠름하게 마을로 돌아왔어.

"이제야 속 편히 살겠군. 어린 전사들이 정말 용맹하단 말이야."

"하하! 오늘은 사자가 죽인 송아지로 다 같이 잔치합시다!"

모싸르가 큰 소리로 외쳤어. 식구들과 마을을 지켰다는 생각에 모싸르와 친구들은 날아갈 듯 기뻤어. 초원에서 겪었던 고생이 헛되지 않다고 느꼈어.

지평선과 맞닿은 하늘이 노을로 붉게 물들었어. 우뚝 선 아카시아 나무와 바오밥 나무 그림자가 길게 늘어졌지. 곧 마을 사람들의 흥겨운 노랫소리가 초원에 울려 펴졌어. 즐거운 마을 잔치는 밤늦도록 계속되었어.

 **마냐타에 놀러 올래?**

마사이족은 일부다처제라서 한식구가 사는 집에
마냐타 여러 채가 있어. 마냐타마다 엄마와 아이들이 함께 지내.

마냐타와 가축우리, 마당을
가시나무 울타리로 둘러치고 살아.
이렇게 한 가구가 사는 단위를 **보마**라고 해.
몇 가구가 모여 작은 마을을 이루지.

벽과 **지붕**을 소똥으로 꼼꼼하게 발라.
소똥은 단열 효과가 있어.
덕분에 낮에는 집 안이 바깥보다 시원하고,
밤에는 바깥보다 따뜻해.

집 가운데에 화덕이 있어.
창문이 따로 없어서
연기가 나면 눈이 매워.

침실은 보통 두 개야.
좁은 침실에서 여러 명이
옆으로 누워서 잠을 자.

마냐타 입구에는 따로 문이 없어.
대신 야생동물이 들어오지 못하게
미로처럼 만들었어.
입구 쪽에 가축들이 머무는
작은 공간도 있어.

나뭇가지와 갈대를 땅에 꽂아서
벽과 지붕의 뼈대를 만들어.
소똥을 잘 바를 수 있도록, 완성한
뼈대 사이에 나뭇가지를 촘촘하게 채워.

세계 문화 배경지식  쑥쑥!

마사이족의 오늘

오늘날 마사이족은 여러 모습으로 살아가고 있어.
큰 도시로 나가서 살기도 하고,
관광객들에게 전통 집과
춤을 보여 주며 돈을 벌기도 해.
그러나 여전히 소를 키우며 그들의 터전에서
지내는 마사이족이 많지.
정부에서는 사자 사냥을 금지하고 있어.
그러나 마사이족은 자신들의
소중한 가축을 공격하는 사자는 사냥하기도 해.
지구온난화로 가뭄이 심해질수록 사람과
사자 사이의 갈등도 더 심해지고 있어.

마사이족의 음식

마사이족은 고기와 우유를 주로 먹어.
때로는 소의 피를 우유에 섞어서 마시기도 해.
또 옥수숫가루로 만든 우갈리라는 음식을 만들어 먹지.
그러나 물고기는 절대 먹지 않아.
마사이족은 물고기를 먹는 것을 안 좋게 여기거든.

피그미족의 나뭇잎 움집

아프리카 콩고민주공화국의 이투리 삼림 지대에 사는

피그미족은 키가 훤칠한 마사이족과 달리 몸집이 작기로 이름났어.

평균 키가 150센티미터밖에 되지 않거든.

피그미족은 밀림에서 사냥을 하거나 열매를 따서 먹을 걸 구해.

한곳에서 보통 보름에서 한 달 정도 머물다

먹을 것을 찾아서 다른 곳으로 떠나지.

그래서 나뭇잎으로 만든 몽글루라는 움집을 짓고 살아.

피그미족도 주로 여자들이 집을 지어.

몽글루는 먼저 잘 휘어지는 나뭇가지를

땅에 박아 뼈대를 세우고,

그 뼈대에 넓적한 나뭇잎을

촘촘히 끼워서 만들어.

그래서 완성된 움집은 마치 나뭇잎을

둥그렇게 쌓아 둔 것처럼 보여.

세상의 모든 학교 5

세계 문화가 한눈에 보이는 별별 전통 집

2025년 9월 8일 1판 1쇄 펴냄

글 이인옥 | 그림 강영지

편집 김누리, 김성재, 임현 | 디자인 김은미

제작 심준엽 | 영업마케팅 심규완, 윤민영 | 영업관리 안명선

새사업부 조서연 | 경영지원실 김세정

인쇄와 제본 (주)상지사P&B

펴낸이 윤구병 | 펴낸 곳 (주)도서출판 보리 | 출판 등록 1991년 8월 6일 제 9-279호

주소 (10881) 경기도 파주시 직지길 492 | 전화 031-955-3535 | 전송 031-950-9501

누리집 www.boribook.com | 전자우편 bori@boribook.com

보리는 나무 한 그루를 베어 낼 가치가 있는지 생각하며 책을 만듭니다.

ISBN 979-11-6314-429-8 73380

제품명 : 도서 제조자명 : (주) 도서출판 보리 주소 : (10881) 경기도 파주시 직지길 492 전화번호 : (031) 955-3535
제조년월 : 2025년 9월 제조국 : 대한민국 사용연령 : 8세 이상 주의사항 : 책의 모서리가 날카로우니 다치지 않게 주의하세요.
KC 마크는 이 제품이 공통안전기준에 적합하였음을 의미합니다.